SDGs時代を拓くグローバル・ビジネスの挑戦

——「誰一人取り残さない」社会の実現に向けて——

日髙克平
木村有里
新井利英　編著
樋口晃太

中央大学企業研究所
研究叢書43

中央大学出版部

はしがき

　現代の企業経営においては，とりわけ一国に限定的なビジネス・モデルではなく，まさに世界全体が隈なくビジネスの対象となるような「グローバル・ビジネス・モデル」が様々な産業分野で共通して認められる特徴となりつつある．

　一例を挙げるならば，今日の自動車産業においては，地球環境の悪化につながるような「ガソリン（＝化石燃料）の大量消費型ビジネス」や，地球で暮らしている（＝生きている）あらゆる生命体に健康被害をもたらすような「地球環境劣化型ビジネス」などが横行していることから，これらに該当する案件は徹底的に糾弾し，地球上から排除しなければならない．

　地球環境を悪化させることなく，健全な状態で維持・発展していけるビジネス・モデルについて，この地球で暮らしているすべての人々が構想し，それを実現させるための方策を立てていかなければならないのである．

　したがって，近未来に生まれてくるはずのビジネス・モデルを今までのもの以上の「より良いもの」とするためには，この貴重な地球環境を劣化させるのではなく，地球環境自体を維持・発展させていくための工夫と知恵が必要となろう．

　そこに，個別企業が関わる様々なビジネスを集約して，地球全体の組織と構造を安定化させ，それらのものを正常化していく知恵と工夫が必要であり，そのことに邁進していくことが今こそ求められているのである．

　一つ一つの個別事業体がこのことを真摯に受け止めながら，自らの事業として継承し発展・成長させていくだけの誠実さと度量があれば，総体としての地球環境それ自体も安定化し，個々の事業体が環境負荷を回避しながら，事業として継続し続けることが初めて可能になるものと思われる．

　『SDGs（持続可能な開発目標＝「世界中にある環境問題・差別・貧困・人権問題と

いった課題を，世界の人々が2030年までに解決していこう」という計画・目標）時代の事業経営のあり方』が真剣に問われる時代が来ているのであり，個別企業が関わるすべての事業にそのような姿勢と覚悟が必要とされる時代が来ているといって間違いない．したがって，それをどのような方法で実行して，維持・発展・成長させるかが問われる時代になったのである．

このように，これからの事業運営とそれを実現するための企業経営の実践においては，地球環境を劣化させることなく，むしろそれとの相互発展的で健全な成長軌道と合致するような企業行動を現代社会が個々の経営主体に要望しているのであり，このことを失念した事業形態にはもはや「存続・発展すること」自体許されないのである．

このことを真摯に受け止め，自らの事業形態・企業経営の中で実現させていこうとする事業体だけが，こうした厳しい事業環境の中にあっても存続していける成長の指針・方途を見出せるのではないだろうか．

以上のような問題意識のもと，中央大学・日髙克平を中心とした研究グループは，「SDGs時代の経営課題と新たな事業モデル」という研究テーマを探求するべく，2017年4月から約6年間研究を続けてきた．本書はその成果の一端を紹介するものとなる．

本書の構成について少し触れると，第1章と第2章では，地球温暖化対策の本丸ともいえるカーボン・ニュートラル，脱炭素にむけての技術的動向やメーカーの競争力について議論がなされ，展望が示されている．第3章，第4章，第5章には思考，発想，文化，意味，認知といったワードが並び，SDGsの社会的受容がテーマとなっている．続く第6章，第7章，第8章は，国際的な動向について議論がなされている．国際的な環境変化からみたSDGsや，タイ，ドイツでの企業経営が紹介されている．最後に，第9章として日本について，現在の停滞・衰退を脱却するための重要な指針としてのSDGsが語られている．各章のタイトルには，すべて「SDGs」を入れるようにして，SDGsの何を扱うのか分かりやすくする工夫をした．学部や大学院の演習での使用も念頭に置き，各章の冒頭部分にポイントを箇条書きにして示した．

　本書はタイトル「SDGs 時代を拓くグローバル・ビジネスの挑戦」に，サブ・タイトルとして──「誰一人取り残さない」社会の実現に向けて──を加えた．グローバル・ビジネスについて研究する中で，より良い社会，より良い未来を作りたいという願いが研究チームの全員に共有されているからである．そこで，「2030 アジェンダ」に示されている SDGs の理念から，「誰一人取り残さない」を副題に入れることにした．世はまさに SDGs 時代となり，SDGs 関連書籍もあまた出版されている．その中で本書を手に取って下さった方々に，研究チームの温かな想いが伝わることを願っている．

　本書の出版にあたり，ご支援いただいた研究所合同事務室の堀田真里さんに感謝申し上げる．また，中央大学大学院商学研究科博士課程の樋口晃太，新井利英のお二人には，研究チームの調整役として多くの労をとっていただいた．両氏に感謝申し上げたい．

2023 年 2 月

執筆者を代表して

日 髙 克 平
木 村 有 里

目　　次

はしがき

第1章　SDGs 時代のグローバル・ビジネス
　　　　──「モータリゼーション」の現状と課題──

日　髙　克　平

1．100年に一度の転換期といわれるモータリゼーションの
　　変遷と課題の解明 ……………………………………………… 2
2．カーボン・ニュートラル政策における自動車産業の
　　実態について──EV・FCV（Fuel Cell Vehicle ＝燃料電池
　　車）の登場 …………………………………………………… 5
3．AI（人工知能）・自動運転機能についての一考察 …………… 15
4．SDGs 時代のモータリゼーションを巡る論点整理と
　　残された課題 ………………………………………………… 16

第2章　SDGs 時代の日本発電機器メーカーの
　　　　現状と課題
　　　　──発電部門の脱炭素に向けて──

新　井　利　英

1．国際的な脱炭素の動向 ………………………………………… 20
2．日本政府の「脱炭素」政策 …………………………………… 23

第1章　SDGs 時代のグローバル・ビジネス
──「モータリゼーション」の現状と課題──

日　髙　克　平

〈第1章のポイント〉

① 現代の交通事業がもたらす「社会問題」を，制御可能な状態にすることができれば，日常生活を「より豊かで安心なものに変えていく」ことができる.

② 「SDGs 時代」では，環境負荷を極力排除する，「EV（電気自動車）」や「水素エンジン車」など「新しいタイプの自動車（クルマ）」が必要とされている.

③ AI（人工知能）を搭載した自動車（クルマ）が登場してくる可能性があり，これまでの悲惨な交通事故や交通障害の多くが過去のものとなる可能性がある.

本章は，現代の自動車生産大国である日米欧諸国に属する幾つかの国に焦点を当てつつ，「今日の自動車事業が SDGs 時代に特有の問題を孕んでいる」ことや「それがどのような形で現代社会の中で顕在化しようとしているのか」などの論点を究明し，解決するための糸口を見出そうとするものである. 現代社会を象徴している産業は，決して自動車産業だけに限られるものではない. しかしながら，今日の自動車産業に関連しているところの，①「事業規模の大き

さ」、②「技術的成熟度」、あるいは、③「それに関わる人々の数」、といった諸々の事情が今日の社会に与える影響は甚だ大きいものであるといわざるを得ない。したがって、これを研究テーマとして設営することとし、本章においては「現代の自動車産業の全般」に焦点を当てつつ、そこに付随している様々な問題に関して詳細な検討を試みたい。

1．100年に一度の転換期といわれるモータリゼーションの変遷と課題の解明

⑴　本章の課題——SDGs時代とはどのような時代であるのか

それでは改めて、「持続可能な社会を現実のものとするための自動車産業の姿」とは果たしてどのようなものといえるのか。

「現代のグローバル資本主義」が高度に発達させてきた「成熟した資本主義社会」は、様々な意味において社会の進歩・発展に関わってきた。

すなわち、「グローバル資本主義」を構築している主要な国々が国境を越えて連結し、「1つの経済システムという形態のもとで共通する利益や便益を効果的に追求していく」ことで、そこには「一種の特殊な経済圏」なるものが形成されていくのである。

そこに参加している多くの国々にとって、このような経済圏から獲得される利益や便益はそれなりに大きな意味合いを持っているのである。

とはいえ、その反面で、「今日の時代を象徴している自動車産業においては深刻な負荷をも現代社会にもたらすようになってきている」という実情もあり、その限りにおいては、決して手放しで静観していられるような状況にはない。

現代の主要国においては、「国別の豊かさや経済力を測る上で重要な産業の1つが自動車に関連する事業分野である」ことは間違いない。自動車は、日常生活の中で、我々「一般市民の足として必要不可欠な交通手段」であり、したがってそれは「現代社会にとってはなくてはならないもの」となってきているのである。

その反面で，「痛ましい交通事故が生み出す夥しい数の交通事故者・犠牲者の増加」や「交通渋滞・交通規制等をきっかけに地球環境に多大な負荷をかけ続けている」ことについても見過ごすわけにはいかない現実なのである．

現代社会における交通事業がもたらす「この種の社会問題」について，できる限り制御可能な状態にまで安定化・コントロールさせることができれば，我々の日常生活を「より豊かで安心なものに変えていく」こともできよう．

「地域全体でのこのような取り組みが功を奏すること」が可能になるのであれば，そこに暮らしながら「自動車を日常の足として活用している人々」にとっても，極めて利便性が高く，社会的にも有用な交通手段として自動車がより有効に利用される可能性が高くなると考えられるのである．

(2)　「SDGs時代のCSR/CSV」の再考と「モータリゼーション」

そこで，このような時代にあっては，「CSR：Corporate Social Responsibility ＝企業の社会的責任論」や，「CSV：Creating Shared Value ＝共通価値の創造論」などの諸々の理論について再考することが肝要となる．

これらの諸理論の考察を通じて，「新しい時代の自動車産業論」こそが論じられなければならない．

ここではその1つの例示として，「トヨタ自動車」の場合について検討してみたい．「トヨタ自動車」のCSR/CSV論について，例えば，以下のような例示がなされてきている．

　　トヨタ自動車は，2015年，「2050年までに新車平均走行時 CO_2 排出量を90％削減」，「ライフサイクル視点で，材料・部品モノづくりを含めたトータルでの CO_2 排出ゼロ」，「グローバル規模で工場 CO_2 排出ゼロ」などといった，大胆で野心的な長期環境戦略を発表して業界を驚かせた．

　　その発端は，環境保護団体WWF（筆者注記　WWF：World Wildlife Fund ＝世界野生生物基金）による「企業の温暖化対策ランキング」がトヨタ自動車の気候変動対策を他社との比較で低く評価したことをきっかけに始めら

れた「WWFとトヨタ自動車双方の対話」にあった.

その中で,「WWF」は「トヨタ自動車」に対して, ① 長期的なビジョンと削減目標づくり, ② ライフサイクル全体での排出削減, ③ 再生可能エネルギーの活用と普及などの懸案事項に関して「科学的知見を踏まえた形でトップダウンで実行するようアドバイスした」と言われている.

「サスティナビリティ水準の高い戦略」においては,「目標設定や技術的なイノベーション」,「適切なパートナーとの連携関係の構築」などにおいて, NGOとの連携がカギとなることが多い[1].

このように,「SDGs時代」ともいわれている「現代の持続可能な開発目標を追求している時代」においては, そのことを可能な限り速やかに実行できるような体制作りが必要となるため, 上記の引用箇所に認められるような「適切なパートナーとの連携関係を構築する」ことや,「NGOとの連携関係を構築する」ことが求められているのである.

(3)「モータリゼーション」の変換

ところで,「モータリゼーションの負の側面」というべきものは何になるのだろうか? 現代社会は「モータリゼーション」の進展に伴って, 二酸化炭素(CO_2)の排出量を極限状態まで高めてしまっている. それが我々生活者一人一人の健康に及ぼす悪影響は甚大なものであり, 決して無視できるようなものではない.

グローバル資本主義をここまで高度に発達させてきたエンジンは間違いなく現代の企業だが, その経済活動は必ずしも環境や社会に及ぼすコストを考慮に入れないまま, もしくは考慮に入れようにも全体の把握が難しいほどに, その規模を拡大させてきた. その結果, 人類に繁栄をもたらすはずの経済成長が, 経済活動ひいては人類生存の基盤となる自然資本や社会資本に深刻な負荷をもたらしている……[2].

　SDGsが叫ばれる時代においては，自動車メーカーもそれに対応して，環境に負荷をかけることなく，二酸化炭素（CO_2）を極力排除するよう「旧来型の内燃機関を主流としたもの」ではなく，まさに「新しいタイプの駆動機関を持った自動車（クルマ）」を開発・設計しようとしているのである．それは例えば，「電気自動車（EV：Electric Vehicle）」であり，あるいはまた「水素エンジン車」といったようなタイプのクルマが最有力候補として挙げられよう．

　ここまで概観してきたように，これからの自動車業界は，これまでのものとは「内燃機関の燃焼形態」が全く異なるタイプの「新型車の開発段階」に入ってきており，この新型車の開発段階においては，① 社会的に不要とされる二酸化炭素（CO_2）を極力出さないような「カーボン・ニュートラル政策」と合致するクルマであること，② 全自動運転までも可能にするような「AI（人工知能）」を搭載し，その有効活用が果たされているクルマであること，という「2つの新たな要素」を体現した，まさにこれまでみられなかったような「新しいタイプの自動車」が，この世の中に登場することになる．これら2つの要素については，本章の以下のところで，「それぞれの製品特性」について論じていくので，その部分を参照されたい．

2．カーボン・ニュートラル政策における自動車産業の実態について——EV・FCV（Fuel Cell Vehicle ＝ 燃料電池車）の登場

　「IEA（筆者注記 IEA：International Energy Agency ＝国際エネルギー機関）」の予測によれば，2020年における世界のEV保有台数はおよそ685万327台といわれているが，「持続可能な発展シナリオの場合」には，2030年には1億3,822万8,592台になるだろうという．未曾有の成長が見込まれる「EVシフト」が起きる革新的な経営環境の中で，いったいどのような変化が起ころうとしているのか，ここでは検証しておきたい．

　このような「EVシフトの波動が，日米欧中4極地域の中でどのような経路を辿ってきているのか」ということについて，以下では概観しておきたい．

⑴　マクラーレン社（英国）における「高級車の開発過程」

　「マクラーレン社」は，「新型のクロスオーバー車」を開発中で，その新型車が2020年代後半に発売される見込みとなっている．この新型車の開発計画は，これまで「スーパーカーやハイパーカーしか作らない方針である」と宣言してきた同社の事業方針とは相反するものとなっている．

　ここで開発される予定の「新型のクロスオーバー車」は，これまでのような，いわゆる「ハイブリッド車」ではなく，「完全EVになる見込み」であり，内燃機関やエンジンといったようなものを搭載することはない．

　今のところは，「派生モデルについての製造計画」は報じられてはいないが，これまでのいわゆる「アストン マーティンDBX」のように，いずれは複数の仕様について開発し製造することになる見込みである．この新型車は，クロスオーバー車としては「比較的車高の低いコンパクトな四輪駆動車」であり，電気モーターを2〜3基搭載するものと考えられている．

　この新型車は「マクラーレン社のブランド」に，まさにふさわしい高性能モデルとなるだろう．バッテリーの開発費用などを考慮すると，価格は現行モデルを大きく上回り6,000万円近くに達する」可能性も指摘されている．

　このような「新型のクロスオーバー車やSUV車の開発・受注に関するマクラーレン社の方針転換」は，間違いなくライバルメーカーである競合他社の成功を受けてのものとなるだろう．

　一例を示すならば，「ポルシェ社」や「ランボルギーニ社」といった高級ブランド・メーカーから発売されているSUVモデルは，従来のスポーツモデルを大きく上回る販売台数を記録しており，その実績から「莫大な利益」を両社に生み出しているという状況にある．

　「ポルシェ社」の場合でみると，「2021年の販売台数」が初めて30万台を超え，販売面でこれまでの最高記録が更新されている．

SUV 車である「マカン」と「カイエン」の両車を合わせると，販売台数の半分以上を占めることになる．その一方において，スポーツカーであるところの「いわゆる同社の看板商品ともいえる 911」の生産台数は，わずかに 38,464 台に過ぎなかった[3]．

（2）ルノー社（フランス）の場合

　まず自動車産業においては，「EV シフトが進む欧州地域」にあって，確かに，雇用の規模やその他の様々な実績値において「大規模な産業基盤を構築してきた国」は，いうまでもなくドイツであった．

　そのような状況下で，フランスの自動車産業に関わってきた企業や関係団体が「フランスに自動車製造の主導権を取り戻す」ことができるのか否か，が今や試されているのである．フランスにおける自動車会社，中でも「ルノー社」こそが EV を製造する国々の中で「いち早く EV シフトを実践してきたという歴史」がある．フランスという国の威信を懸けて，フランスにおける自動車製造メーカーの新たな企業間競争と産業の進化が始まろうとしているのである．また，このような動きと連動して，フランス政府が「官民一体の体制作り」を画策してきているのである．

　かくして，フランスにおいては，EV の生産台数が伸びる中で，「新たな製品の開発につながるような好循環のサイクル」が自然にでき上がってきている状況にあるといえよう．フランス企業各社の中でも，とりわけ「ルノー社」がより具体的な目標数値を出してきており，同社によれば「2030 年までに EV 化を 100％にする（＝完全に EV 化する）」ことが画策されている．

　また，その過程において，いわゆる「カーボン・ニュートラル政策」を全面に押し出して，工場までも「ライフサイクル・アセスメント」の一環として「二酸化炭素（CO_2）削減に取り組む」ということが表明されている．EU としては，2035 年までには，「内燃機関を有するガソリン自動車の新車販売」に関しては全面的に禁止する構えである．

　例えば，フランス一国で考察してみると，2021 年における「フランスの EV

新車販売台数」は，11万台以上（対前年比で2倍以上）であった．フランス環境省によれば，フランスの充電スタンドはこの年で60万基以上に及んでおり，その利用料金は「15分で70円前後」となっている．

このように，フランスに限らず，その他のEU諸国においても「EVシフト」が進む状況にある．それでは，こうした「EUの動向」について，「最も顕著に進むフランスの自動車産業界」についてさらなる検討を加えてみたい．

フランスの自動車産業の中核企業である「ルノー社」の場合で検証してみよう．「ルノー社」は，EUを構成している国家の中でも「いち早く」EVの開発に取り組んだメーカーではある．その「航続距離」においても，470km程度までは走れるようになってきている．「ガソリン車よりは二酸化炭素（CO_2）を出さないで済む」ものの，「航続距離が短い」ということが難点とされてきた．

しかしながら，近年の「新型バッテリーの開発」によって，この種の航続距離に関わる問題は徐々に解決されつつある．例えば，このような，近年の「新型バッテリーの開発」によって「およそ30分の急速充電で300kmの走行が可能」になってきており，これは従来モデルの2倍の動力性能が保証されてきていることになる．

かくして，「ルノー社」は，同社が保有する「総合的な開発力」を武器にして，2030年までには，「欧州における新車販売」において「その最大値の場合には90％までをEVにする」予定である．このように，「ルノー社がEVシフトに邁進できる理由」としては，「フランス政府の強力な後押し」を挙げておくべきであろう．「巨大なバッテリー工場」を敷地内に作成し，政府・自治体から約250億円規模の補助金を受けながら，「フランスに新たな自動車産業を創出」し，新規雇用を生み出すために「官民一体で主導権を握ろうとしている」のがその強みであるといえよう．しかも，このような動きは，「ルノー社だけ」というわけではない．爆発的な成長が見込まれる「EVシフト」の渦中にあって，「米国のテスラ社と中国企業との間の競争」もまた日増しに激しくなってきているのである．

（3）　テスラ社（米国）の場合

　ここでは，「米国のEV製造メーカー」の象徴ともいえる「テスラ社」について考察してみたい．同社は，「充電スタンドを全米50万ヵ所に設置している」といわれているが，そうであるとすれば，「テスラ社」の「インフラ投資法案」は何と「110兆円規模」に達するものになる．

　このような動きと関連して，アメリカ政府も，「2030年には，新車販売の50％程度をEVにする」という目標を掲げている状況にある．

（4）　中国の場合

　他方，中国においては，「EVの覇権を握る国家戦略」が画策され，実行に移されようとしている．中国はすでに，「世界最大のEV市場」であり，実に「二台に一台がEV」という状況が現実のものになってきている．それだけではなく，「一台5万円の格安EV」なども誕生してきている．そして，「2025年までには新車販売の20％程度がEV」になるものと思われる．このように，中国の場合には，その「EVシフトが急速に進む」状況下にある．

（5）　ドイツの場合

　ドイツでは，160万人分の雇用が，「2030年までには30万人分減少する」だろうという試算もある．

　EVの場合，エンジンを搭載しないので部品点数が非常に少なくなるため，雇用にも影響するのである．すでに，「労働力の4割程度が仕事を失う職場」もある．また，「EVシフト」を見据えて，人材管理を進める会社もすでに出てきている状況にある．

ドイツ自動車産業におけるEV化（EVシフト）の動向

　2020年，ドイツの首都ベルリンでは，クリスマスシーズン真っ盛りの中，「新型コロナ感染者数の増加」が止まらず，年明け1月10日まで「緊急ロックダウンが延長される」ことになった．そのため，2020年に限っては大人数が集まること自体控えなければならなくなり，特に子どもたちや年配者らを中心

にとてもさびしそうな雰囲気に包まれざるをえなくなっている．その一方で，ドイツの自動車業界にとっては非常に激動の 2020 年であった．ドイツの主要メーカーは，新車販売において「EV にシフトする動き」を加速させながら，「E-Fuel」という次世代型燃料の開発を本格化させてきている．

　事例 1　ドイツ国内における充電施設──この 1 年間で約 8,000 → 24,000 ヵ所に拡大

　ドイツの主要メーカーの多くはすでに，「EV」や「プラグインハイブリッド（PHEV）」のラインナップを抱え「専門のブランド」を社内に立ち上げるとともに，その宣伝も盛んに行ってきている．このような動きは，まさしく「環境問題への関心が高いドイツならでは」のものといえよう．さらに「EV 用の充電インフラ」もまた急速に整いつつある．

　ドイツ国内において，1 年前には約 8,000 ヵ所だった EV 用の「充電施設」も，24,000 ヵ所にまで拡大してきている．こうした「充電施設」は，2022 年までには，さらに 50,000 ヵ所が新設される計画ともいわれている．これらの新動向は，現在までのところは「地元の電気会社の直接経営」に過ぎなかったが，今後は「政府主導」で徐々に改善されていく見込みである．

　事例 2　「EV ブランド」の確立に動くドイツ主要メーカー

　①「メルセデス・ベンツ社」の場合

　「メルセデス・ベンツ社」の場合には，「EV のための新ブランド」である「EQ」を立ち上げるとともに，今後もラインナップの拡充を図っていくということが表明されている．

　また，PHEV には「EQ Power」の名前を冠して，まだ EV の航続距離やインフラ整備に関して不安が残るユーザーに対し，「高効率で低燃費，現状のインフラを活用可能」であることをアピールしている．

　これに加えて，傘下の「スマート」に関しては，「ガソリンエンジン車のラインナップ」を全廃し，EV である「スマート EQ」シリーズの販売がすでに始まっている．どの動きに関しても極めて迅速な展開がなされているといえよう．

②「BMW 社」の場合

他方，「BMW 社」は，PHEV に関しては，モデル名の末尾に「e」を加えることでアピールしようとしている．「フラッグシップ・カー」となる「PHEV スポーツカー・i8」は，2020 年 4 月には一旦生産終了となったが，6 年間に 2 万台以上を売り上げた実績があり，「BMW 社」自身が「i8 はブランドの歴史上もっとも成功したスポーツカー」であるとしている．

「BMW 社」にとっては「EV のサブブランド」となる「i シリーズ」は今後も拡大していく予定で，現行の「i3」の他にも，新たに「iX3」が加わったばかりである．

③「VW 社」の場合

「VW 社」は「EV ブランドである ID」のラインナップの拡充が当面の課題となっている．「VW の伝統」といってもよい「オーソドックスな 2 ボックススタイル」を備えた「ID. 3」がすでに販売を開始している．2020 年 9 月には，このブランドの第 2 弾となる「ID. 4」を発表した．

こちらは，現在世界中で流行している車種といえる「コンパクト SUV スタイルの EV」となっていて，「VW 社」がこのクルマにかける意欲は非常に高いものとなっている．今後も，専用のプラットフォームである，「MEB（モジュラー・エレクトリックドライブ・マトリックス）」を採用したクルマが多数登場してくるのではないかと期待されている．

④「E-Fuel」の研究開発に意欲を見せる「アウディ社」と「ポルシェ社」の場合

上記の三大メーカーとは異なった動きをみせているのが，「アウディ社」と「ポルシェ社」であるといえよう．

まず「アウディ社」は，「e-tron」の名を冠した EV をいち早く導入してきたメーカーであり，現在までのところでは「4 車種をラインナップ」している．

「PHEV モデル」も多数用意しているが，「アウディ社」は，最近になって「E-Fuel」への開発にも大きな意欲をみせてきており，それに関連する研究費にも多くの予算が投入されている．これらの動きから，「アウディ社」は，現

状では「EVに一本化するのはリスクが大きい」と考えている可能性も高いといえよう.

「E-Fuel」は,「二酸化炭素と水素からなる液体の合成燃料」で走り, さらに「再生可能エネルギーで発電した電気を使って生成されたもの」という但し書きまでが付いている.

また,「E-Fuel」の頭文字はドイツ語「Erneuerbarer Strom (再生可能な電力)」から生まれた造語であり, それにより「二酸化炭素の排出と吸収をイコールにする」, つまりはまさしく「カーボン・ニュートラル」を実現しようというものである.

この「E-Fuel」の開発に,「アウディ社」はドイツ国内のメーカーで最も早くから取り組んできている.

「E-Fuel」の利点としては, 次の2点が考えられる.

・ 「ガソリン燃料やディーゼル燃料」に混ぜても使用可能であり, 二酸化炭素の排出量を軽減でき, 貯蔵・運搬コストが低い.

・ 現在存在する車両, ガソリンスタンド, タンクローリーなどの運搬車両がそのまま使える.

特に,「現状に存在するインフラストラクチャー」をそのまま使用できるということは,「コロナで大打撃を受けているドイツ社会」においては「かなりありがたい」ものといえよう.

とはいえ, 逆に, その「欠点」としては,「製造プロセスが複雑」であり, それ故に「リッターあたりの価格が現状では非常に高いこと」,「もともと電気料金が高いドイツで生産するのは不利なこと」,「そもそものエネルギー変換効率が低いこと」, などがすでに指摘されている.

さらに, 一歩進んだ動きをみせているのが, 同じグループに属する「ポルシェ社」である.「ポルシェ社」は, 先日待望のEVであった「タイカン」を発表したり,「フォーミュラE」へ参戦したりするなど,「EVシフトへの意欲」を周辺に感じさせてきている.

「ポルシェ社」は,「ドイツの大手テクノロジー企業であるところのジーメン

ス社」や「イタリアの電力会社エネル社」，そして「チリのエネルギー製造会
社，国営石油会社との『E-Fuel』生産共同プロジェクト」などに積極的に参加
を表明してきている．

　「チリの風力発電」を活用して，2026 年までに 5 億 5,000 万リットルの生産
量を確保する計画をも打ち出している．この動きは，「電気料金が高いドイ
ツ」での「E-Fuel」生産は早々に諦めるとともに，各地で生産した「E-Fuel」
をドイツをはじめとする，それらの「使用国」に輸送して消費・販売しようと
しているものと思われる．

　このような「ポルシェ社」の「E-Fuel」計画は，結局のところ「燃料油から
は離れられない」と考えている業界である「航空業界，船舶業界，建築や運搬
などの業務用重機業界」からの注目を集めるものとなってきている．

　「E-Fuel」は，今まで培ってきた「化石燃料インフラ」を無駄にしないとい
う点でも，工業国であるドイツにとっては「金の卵」のような存在といえるも
のとなっている．

　ドイツの自動車業界は，「EV」と「E-Fuel」という 2 つの柱で発展していく
可能性が高い．

⑹　日本の場合

　まず，「ホンダ社」は室内の大型ディスプレーでデータ管理を行う機能を有
するが，そのため，バッテリーの容量は小さくなり，航続距離で 283 万 km 程
度，販売台数も，7,000 台程度から伸びない状況である．「航続距離を伸ばす」
ためには「全個体電池」の搭載が必要とされているが，競合関係にある「どの
ライバルメーカーも実用化できていない」のが現状となっている．しかしなが
ら，「材料の組み合わせ」によっては，「航続距離が 2 倍に伸びる」ことも立証
されてきている．実際に，現在，EV の航続距離を 2 倍までに引き上げること
には成功している．

　開発現場としては，この「全個体電池を搭載した EV」を 2020 年代中に実
用化する予定であるといわれている．この他にも，水素を使った「燃料電池発

電システム型 FCV（＝燃料電池車）」の開発が検討されている．

　もう一方の覇権を握る「トヨタ自動車」は，「極端な EV シフト化」には慎重な態度をとっている．現在，日本国内の充電スタンドは 30,000 基であるが，「これをどう増やすか」が重要な課題となってきている．他方で，日本が「国家として抱えているエネルギー事情」も大きな課題となっている．

　日本の場合は，「7 割以上を火力発電で供給」してしまっている．これに対して，例えば，フランスの場合でみると，「原子力が 8 割程度，再生可能エネルギー 2 割程度，火力が 1 割程度」という比率になっている．こうした日本固有の問題には，「国家レベルでの対応」が必要となってきているのである（豊田章男会長談話）．

　ドイツのような状況は，日本でも同様であるといえよう．「約 550 万人の仕事量のうち，100 万人分の雇用が失われる」可能性があるという日本自動車工業会の試算が出されているのである．

　かくして，業種転換や失業者の増大など，これまでの産業構造が大きく変化する状況下にあるといえようか．その一例を挙げてみると，「トヨタ自動車」の場合は，「水素エンジン車の開発」がそれに該当する．この「水素エンジン車の開発」過程については，レースで実証実験しながら「60km 程度にとどまる航続距離をどのようにして伸ばすのか」が問われている．とはいえ，EV とは異なって，これまでの技術を捨てることはないものといえよう．

　また，一方で，「来年発売予定のトヨタ自動車の新型 EV」においては，その航続距離は，500km 程度にまで達している．

　このようにして，「トヨタ自動車」の場合には，「① EV，② 水素エンジン車，③ FCV（燃料電池車），④ ハイブリッド車という 4 車系」を同時並行で開発していく構えである．そして，これらを地域に応じて売っていく予定である．すなわち，「トヨタ自動車」においては，「現在の時点では，多くの選択肢が必要である」という考え方に基づいて開発戦略が立てられているものと思われる．

　最後に，「ホンダ社」の場合には，「空気抵抗の適正化」をレースでの経験を

生かしながら進めるという方向が採用されている．すなわち，従来の技術ではなく，「社会の変化に対応した新たな技術変化」を必要としているのである．かくして，世界で急速に進む，このような「EVシフト」に対して，「官民一体となった改革」が望まれる時代となってきているのである．

3．AI（人工知能）・自動運転機能についての一考察

　AIがこれからの自動車産業をどのような形態に変えていくのか，想像すらできない将来，技術の革新が期待されている．これからの自動車産業は，AIによる情報の検索の結果として，通常では軽度の事故などが生じないクルマに変身する可能性すらある．

　AIを搭載したクルマがドライバーのケアレスミスを補完し，いわば「半自動運転のクルマ」に変わることは容易に想像できよう．すでに，そのような「半自動運転のクルマ」が登場する時代になってきているのである．

　巷の交通事情や交通の状況を車載コンピューターが解析しながら運転制御していく，いわば，「完全無欠のロボット」のような新たな自動運転車すら，その登場が期待されており，一部のメーカーがそのような期待に応えようとしているところまですでに来ている段階である．

　AIを搭載したクルマは，事故を回避する能力ばかりではなく，極めてスマートに運転する能力も有することが期待されている．このような斬新な機能により，巷の交通渋滞や交通障害を巧みに回避しつつ運転できることが期待されている．

　ここでは，その1つの事例について紹介・検討してみたい．「先進運転支援システム（ADAS：Advanced Driver-Assistance Systems）」の利用活用の拡大である．世界中で130万人以上の人々が毎年交通事故の犠牲になっており，その90％以上がドライバーを始めとする人為的なミスによるものであるという研究がある．車間距離警報装置，道路および高速道路上の走行支援体制，ドライバー監視システムなどの「先進運転支援システム（ADAS）」機能は，道路をより安全なものにし人の命を助けることを可能にする．

世界トップレベルのパートナーエコシステムは「オートモーティブOEM」と協力して，将来性の高い「先進運転支援システム（ADAS）」設計のためのコストを重視した高性能な画像処理およびソフトウェア定義の「ヘテロジニアス・コンピューティング」を提供することで「高度な安全性とドライバー支援テクノロジー」をより多くの車両にもたらすことを可能にしている．

「先進運転支援システム（ADAS）」テクノロジーはより一般的になっており，今後の規制およびNCAP：New Car Assessment Programme（新車アセスメントプログラム）の要求を満たし，革新的機能と快適な機能を備えた車両を設計し製造する機会を「オートモーティブOEM」に提供している．強力でエネルギー効率がよく，安全性に対応した「雨雲レーダー（Arm）」のプロセッシングと，当社のエコシステムパートナである「Brodmann17（ADAS自動運転のためのビジョンテクノロジーのプロバイダー）」の確かな知覚ソフトウェアを組み合わせることで，新しいデモ車両で披露された機能性の高い「先進運転支援システム（ADAS）」を可能にする，拡張性と経済性に優れたソリューションを実現しようとしている．

このように，様々な形態でAIを搭載した自動車・クルマが登場してくる可能性があり，その進化の過程次第ではこれまでの悲惨な交通事故や交通障害の多くが過去のものとなる可能性すらある．

現在の自動車産業を巡っての技術の成熟度はそのような段階にまで発展・成長してきているものと考えることもできよう．そして，このことが，これからの自動車産業や，ある地域の交通体系にとって，「劇的な進化を及ぼす」可能性があることは疑いようもない「技術の正常進化」といえよう[4]．

4．SDGs時代のモータリゼーションを巡る論点整理と残された課題

現代という時代区分の中で，① 規模の大きさ，② 技術的成熟度，あるいは，③ それに関わる人々がもたらすところの様々な諸問題，などに最も影響を与えるものが「現代の自動車事業分野」であることに間違いない．

そして，このような「自動車事業分野」を総称して表現する造語である

「モータリゼーション」が現代社会に及ぼしている様々な諸問題こそが，我々現代人が解決すべき最優先課題となっている．

「持続可能な社会を実現するための自動車産業」論とは，果たしてどのようなものであるべきなのか？

この難題を解決することこそが，現代の社会科学にとって「最も重要な論点」となってきており，「命題」ともなってきているのである．現代社会は「モータリゼーション」の進展に伴って，二酸化炭素（CO_2）の排出量を極限状態にまで高めてしまっていることから，何よりもまず，「二酸化炭素（CO_2）の排出量を適正な状態に戻すための政策（＝いわゆる，「カーボン・ニュートラル政策」）」を構想し，それを適正に遵守していかなければならない．この「カーボン・ニュートラル政策」は，二酸化炭素（CO_2）の排出量を極限まで抑え込むことが可能な，従来型の内燃機関に代わる「電気自動車（EV)」の普及・浸透に他ならないのである．

本章においては，現代企業の事業活動（生産から販売・流通に至るまでの）がここでの標題にも認められる「SDGs時代」といわれるような「現代的な特性」を有する独特の時代背景のもとで，具体的にはそれがどのような形で行われてきているのか，また，将来的には，それがどのような形態に変わろうとしているのか，を論理的に解明すること，が主たる論点とされてきた．「SDGsが叫ばれる時代」においては，自動車メーカーもそれに対応して環境に負荷をかけることなく，二酸化炭素（CO_2）を極力排除するような「新しいタイプの自動車」を製造することが必要とされているのである．それは例えば「電気自動車（EV)」であり，「水素エンジン車」であるということができよう．

それらの「新型車両」によって，①カーボン・ニュートラル政策の実行，②AIの活用という「二つの現代的な要素」を体現した「新しいタイプの自動車産業・事業」の登場が期待されているのである．例えば，この「新しいタイプの自動車（産業）」論においては，「二酸化炭素（CO_2）の排出量を究極の数値にまで削減する」ことが目指されることとなる．それはさしあたり，「電気自動車（EV)」や「燃料電池車」への転換から始まるのではないだろうか．

　究極的には，「現代のようなクルマという移動手段が主流となる交通体系を有している社会」それ自体を止める・なくすわけにはいかない以上，せめてもの願いとして，「クルマを運転できる喜び」を人々が感じることができるような「クルマと人類との共存」を可能にするような社会になってほしいのである．

　このことを指摘しておいて，本章における「ひとまずの結論」とするものである．もとより，この問題自体が非常に大きな社会的課題であるのだから，そのすべてを見切って論じることは不可能ではあるのだが，それでも基本的論点の整理は何とかできたのではないだろうか．本課題の執筆に関して責任を有する筆者としての「ひとまずの結論」を本章においては，このような形で提案するものとしたい．この拙文をお読みになった方々のご批判を真摯に受けることとしたい．

1)　モニター・デロイト編，2018，105 ページ．
2)　同上書，17 ページ．
3)　AUTOCAR JAPAN のウエブからの販売実績に基づいている．
4)　ウエブ上のホームページ「ARM（ソリューション　オートモーティブ）」を参照した．

参 考 文 献

モニター・デロイト編『SDGs が問いかける経営の未来』，日本経済新聞出版社，2018年．

Arm ホームページ（https://www.arm.com/ja/markets/automotive，2022 年 11 月 27 日閲覧）．

AUTOCAR JAPAN ホームページ（https://www.autocar.jp/，2022 年 11 月 27 日閲覧）．

第2章 SDGs 時代の日本発電機器メーカーの現状と課題
──発電部門の脱炭素に向けて──

新 井 利 英

〈第2章のポイント〉

① パリ協定が掲げる脱炭素目標を達成するためには，2030 年までの取り組みが決定的であることが国際的な共通認識となっている．

② 再生可能エネルギーの主力となる風力発電や太陽光発電の分野では，日本発電機器メーカーは，欧米や中国のメーカーに対する競争力を喪失している．

③ 日本発電機器メーカーの推進する脱炭素方針では，国際的に共通認識となった脱炭素目標を達成することが困難である．

　2015 年9 月開催の「国連持続可能な開発サミット」で採択された SDGs（持続可能な開発目標）は，17 の目標と，169 の具体的な取り組みを掲げている．それ以後，国・地方政府，企業，投資家などで SDGs を意識した取り組みが強化されている．SDGs が掲げる目標のうち，目標7 の「エネルギーをみんなにそしてクリーンに」と，目標13 の「気候変動に具体的な対策を」に関連する取り組みは，喫緊の課題となっている．気候変動の進展は，台風や洪水の頻発と

いった異常気象だけでなく，生態系の破壊，農林水産物の収穫量低下，飢餓と貧困の拡大など，様々な悪影響に波及するうえに，特に発展途上国や社会的弱者への被害が深刻となりやすいからである．

　本章では，日本の発電機器メーカーの動向を，火力，原子力，および再生可能エネルギー（以下，再エネ）に分けて考察する．日本の CO_2 排出量の部門別割合は，発電部門が約4割を占め，これら企業の動向が，日本の脱炭素社会の実現に向けた1つの焦点になるからである．

1．国際的な脱炭素の動向

(1)　気候変動枠組み条約締約国会議（COP）

　国際的な脱炭素の転換点となったのは，2015年12月COP21において採択されて翌年に発効された「パリ協定」である．パリ協定では，気候変動対策のために，世界の平均気温上昇を産業革命以前に比べて2度より十分下回るよう抑え，1.5度に抑える努力を追求するという長期目標を定めた．目標達成のため，今世紀後半にカーボン・ニュートラルを実現し，今世紀末までに CO_2 排出をゼロにすることを目指すものである．しかし，各国が提出した20年以降の CO_2 排出削減目標を積み上げてもパリ協定で示された目標を達成するには全く不十分であるため，各国は5年ごとに目標を見直し提出することが義務付けられている．パリ協定以前の取り決めである「京都議定書」では参加国数が限られていたが，パリ協定ではすべての国が参加している．その意味で，パリ協定は温室効果ガス排出削減に向けた取り組みとして1つの画期をなしている．

　しかし，パリ協定で定められた目標達成は程遠い．気候変動に関する政府間パネル（IPCC：Intergovernmental Panel on Climate Change）が，2021年8月に発表した第6次評価報告（第1作業部会）では，20年時点の人為的温室効果ガスによる世界の平均気温は，1850-1900年の平均と比べて，すでに約1.1度上昇したことが示された．現時点で各国が提出している排出削減目標を積み上げても30年頃には2度以上上昇することが予想されるため，各国の削減目標の引

き上げが必要となっている.

　また, 同年 11 月の COP26 では, 2030 年までの約 10 年間の対策が決定的に重要であることが強調され, 事実上パリ協定の長期目標が 1.5 度抑制に強化された. 加えて,「段階的廃止」から表現は弱められたものの, CCUS (Carbon dioxide Capture, Utilization and Storage) などの排出削減対策のない石炭火力発電の「段階的削減」が合意された.

　2022 年 11 月の COP27 では, 削減目標の引き上げについて COP26 を上回る成果は得られなかったが, 先進国のさらなる排出削減の取り組み強化と, 気候変動ですでに起きている損失と損害の補償が主要テーマになり, その補償に特化した基金を設立することが決定した. ただし, 拠出する国やその金額, 支援対象となる国など具体的な内容については, 今後の課題として残った.

(2)　発電部門における動向

　脱炭素を実現するためには, 化石燃料から早期に脱却していくとともに, 太陽光や風力などの再エネの普及がカギとなる. 化石燃料利用の中でも, 石炭火力発電の早期廃止は焦点の 1 つとされている.

　パリ協定が発効されて各国の脱炭素の取り組みが加速する中で, 脱石炭火力発電の大きな契機となったのが,「脱石炭連盟 (PPCA：Powering Past Coal Alliance)」の発足である. 脱石炭連盟は, 2017 年の COP23 でイギリス政府とカナダ政府が主導して立ち上げられた. 石炭火力発電ゼロに向けた世界初の政府主導組織で, 2022 年 12 月現在で 48 の政府と 48 の地方自治体と 71 の企業・団体が参加している. 参加メンバーには以下の 3 点を果たすよう宣言している. 政府に対しては, ① 域内の未対策の既設石炭火力発電所を廃止し, 新設の停止措置をとること, 企業に対しては, ② 事業への電力供給を石炭以外の電源から行うこと, および全加盟組織に対しては, ③ 政策や方針でクリーンな電力を支持し, 石炭の回収・貯蓄のない石炭火力発電所への投融資を抑制することである.

　こうした取り組みの中で, 日本を除く主要先進 7 ヵ国では石炭火力発電ゼロ

に向けた対策が年々強化されている．フランスは 2021 年までに，イギリスと
イタリアは 25 年までに，オランダとカナダとドイツは 30 年までに，石炭火力
発電を廃止することを目標としている．アメリカは 35 年までに電力部門の
CO_2 排出を実質ゼロにするとしている[1]．日本の現行のエネルギー基本計画で
は 30 年度における石炭火力発電の電源構成は 19％とされており，唯一石炭火
力発電廃止の目標がない．

　2021 年 5 月の G7 気候・環境省会合に向けた事前協議で，議長国イギリスが
石炭火力発電全廃を強く迫り，各国政府の石炭火力発電への新たな開発援助や
輸出支援を原則停止することで合意した．翌年 5 月の同会合では，35 年まで
に電力部門の大部分を脱炭素化することで合意し，排出削減対策をとらない国
内石炭火力発電を廃止する方針も共同声明に盛り込まれ，排出削減対策が講じ
られていない化石燃料部門への国際的な新たな公的支援を 22 年末までに終了
することも記載された．日本は初めて，対外的に国内の石炭火力発電廃止を表
明した．ただし，パリ協定の目標に整合する場合は各国の判断の支援が可能
で，日本がアジアの新興国に天然ガス火力発電所の建設で資金支援する余地は
残っている．

　政府レベルの取り組みに加えて，民間企業の取り組みも拡大している．事業
活動に 100％再エネだけを使用することを宣言するイニシアティブである
「RE100」には，2022 年 12 月現在，世界の大企業を中心に 380 社を超える企
業が参加しており，日本企業も 76 社が参加している[2]．また，パリ協定が求
める水準と整合した温室効果ガス削減目標を持つことを宣言するイニシアティ
ブである「SBT：Science Based Targets」には，22 年 12 月現在，4,097 社（認
定企業 1,982 社，コミット企業 2,115 社）が参加しており，日本企業も 375 社（認定
企業 309 社，コミット企業 66 社）が参加している[3]．

　さらに，投資家・株主の取り組みも拡大している．環境・社会・企業統治を
重視して投資先を選択する「ESG 投資」普及のもとで，「国連環境計画・金融
イニシアティブ（UNEP FI）」が主導する「国連責任銀行原則（PRB：Principles
for Responsible Banking）」が 2019 年 9 月に発足した．SDGs やパリ協定に自社

のビジネスとの整合性をとることを銀行に求めていることを特徴としており，発足当時から 132 の金融機関が署名している．アジアや欧米の有力銀行とともに日本のメガバンクも名を連ね，その後も加盟する金融機関は増え続けている．

　こうした中，米国のゴールドマンサックスは 2019 年 12 月に石炭火力発電のみならず石炭産業自体に投資しないことを表明した．JP モルガン・チェースも 20 年 2 月に同様の方針を発表し，石炭採掘会社への既存の融資も段階的に減らし，24 年までにゼロにすることを宣言した（2020 年 2 月 27 日）[4]．

　また，日本の金融機関も，従来の方針を転換して石炭火力発電への融資を行わない方針を表明していった．日本のメガバンク 3 社は 2018 年に案件ごとに判断をし，超々臨界圧以上の「高効率」石炭火力発電にしか融資をしない方針を明らかにしていたが，19 年から 20 年にかけて石炭火力発電に対する新設融資を原則禁止すると表明した．三菱 UFJ は先駆けて 19 年 5 月に新設融資を原則禁止すると表明し，翌年 4 月にみずほ FG と MUFG も相次いで新設融資を行わないことを発表した．メガバンク 3 社ともに石炭火力発電への投融資残高を段階的に減らし，目標時期までに残高ゼロを目指すとしている（2020 年 4 月 15 日／同年 4 月 17 日／同年 10 月 16 日）．

　このように，脱炭素に向けた取り組みが政府，民間企業や投資家・株主の間でも拡大している．その背景には，脱炭素に取り組まなければ市場で取引することが困難になるという認識や，化石燃料資産を保有することや温室効果ガス排出の多い石炭火力発電の開発に関わることが，経営上のリスクになるという認識の広がりが指摘できる．

2．日本政府の「脱炭素」政策

(1)　日本の CO_2 排出の現状と政府の「脱炭素」方針

　日本の CO_2 排出の実態について確認しよう．2019 年の世界のエネルギー起源 CO_2 排出量は 336 億トンで，そのうち日本は約 3.1％を占め，国別の CO_2 排出量では世界第 5 位と有数の排出国である[5]．同年の国内の部門別 CO_2 排出量

は，エネルギー転換部門（発電，石油精製等）40.4％，産業部門 24.3％，運輸部門 17.0％の順で多い[6]．

　また気候ネットワークの調査では，2018 年度の国内 CO_2 排出量全体の半分を 135 事業所が占め，火力発電所，鉄鋼業，化学工業，窯業土石製品製造業，石油製品製造業，製紙業の 6 業種だけで占めた．火力発電所の事業所数は 76 で，30.6％で最も高い割合である．火力発電所の排出量の 57％，日本の排出量全体の 17％が 37 の石炭火力発電所から排出された[7]．

(2) 発電部門における方針

　2020 年 10 月，菅首相（当時）は所信表明演説で「2050 年カーボン・ニュートラル」方針を表明し，21 年 4 月の米国主催の気候変動サミットで，従来は 13 年比 26％だった 30 年目標を，13 年比約 46％削減へと引き上げた．13 年比約 46％削減という目標は，10 年比では約 42％削減であり，国際的な基準である 10 年比 45％削減および 1.5 度目標と整合していない．しかし，この目標を

表 1　2030 年度における電源構成の見通し

（単位：％）

	2019 年度	第 5 次計画 （2018 年 7 月）	第 6 次計画 （2021 年 10 月）
太陽光	6.7	7.0	14-16
風　力	0.7	1.7	5
地　熱	0.3	1.0-1.1	1
水　力	7.8	8.8-9.2	11
バイオマス	2.6	3.7-4.6	5
再エネ合計	18	22-24	36-38
水素・アンモニア	0	0	1
原子力	6	20-22	20-22
LNG	37	27	20
石　炭	32	26	19
石油など	7	3	2

（出所）　資源エネルギー庁「エネルギー基本計画の概要」，12 ページより作成

前提に，21年10月，岸田政権は国のエネルギー政策の基本方針を定めた「第6次エネルギー基本計画」（以下，第6次計画）を閣議決定し，表1のような30年の電源構成目標を示した．

　再エネは第5次計画の22-24％から36-38％に引き上げられ，原子力は20-22％で据え置き，水素・アンモニアの1％が新たに入った．化石燃料では，LNGが27％から20％，石炭が26％から19％，石油が3％から2％に引き下げられた．

　再エネが主力電源として位置付けられ，第5次計画よりも，目標が10％以上引き上げられたが，ドイツやイギリスなど欧州主要国では2021年時点で4割超を達成しており，日本の再エネ普及は遅れている（2022年11月23日）．原子力は第5次計画と同水準であるが，建設中の原子力発電所を含めて電力会社が稼働を申請した27基すべてを運転する計算であるため，30年に向けて現時点よりも原子力の構成比が上がっていく．また，後述するように，22年8月のGX（グリーントランスフォーメーション）実行会議で，政府は運転期間の延長と「次世代原子炉」の新設・リプレースを容認する方針に転換したため，30年以降は，さらに原子力の構成比を高めていくことが想定されている．化石燃料（LNG，石炭，石油）は，56％から41％に引き下げられたが，先進主要国が石炭火力発電ゼロ目標を表明する中で，日本の石炭19％は異例の水準である．また第5次計画にはなかった水素・アンモニアの1％が入り，水素・アンモニア火力の導入が見込まれている．

　政府が試算した電源別発電コストを示した表2をみると，2030年には太陽

表2　2020年と2030年の電源別発電コスト試算

（円／kWh）

	石炭	LNG	石油	原子力	陸上風力	洋上風力	太陽光（事業所）	太陽光（住宅）	小水力	中水力	地熱	バイオマス（混焼）	バイオマス（専焼）
2020年	12.5	10.7	26.7	11.5-	19.8	30.0	12.9	17.7	25.3	10.9	16.7	13.2	29.8
2030年	13.6-22.4	10.7-14.3	24.9-27.6	11.7-	9.8-17.2	25.9	8.2-11.8	8.7-14.9	25.2	10.9	16.7	14.1-22.6	29.8

（出所）　経済産業省「基本政策分科会に対する発電コスト検証に関する報告」，4-5ページより作成

光が最も安くなる見通しである．しかし，第6次計画では，太陽光の割合よりも，原子力，LNG，石炭の割合の方が高く設定されている．再エネが送電網に接続できず，発電量を抑制する事態が頻発している中で（2021年12月16日），原子力や火力が優先されれば，さらに再エネ普及を妨げる要因となりうる．

3．発電機器メーカーの動向

(1) 火　　　　力

　国際的な脱炭素に対する圧力が強まり，日本政府が不十分ながらも方針を見直さざるを得なくなる中で，発電機器メーカーも，石炭火力発電所の新規建設からの撤退や火力発電事業の縮小が相次ぎ，脱炭素を意識した事業に転換せざるを得なくなっている．

　日立製作所は，2020年9月に三菱日立パワーシステムズ[8] の保有株すべてを三菱重工に譲渡して火力発電事業から撤退し，洋上風力からの高圧直流送電など再エネ事業や，省エネ事業などの脱炭素投資を重視する方針を掲げている（2021年2月26日）．東芝は，20年11月に石炭火力発電所の新規建設から撤退することを表明する一方，洋上風力発電や次世代太陽電池の研究開発投資を強化し，仮想発電所事業に参入していくなど，再エネ事業に軸足を移す方針を掲げている（2020年11月11日）．三菱日立パワーシステムズを完全子会社化した三菱重工でも事業の見直しが迫られ，21年9月には石炭火力発電事業の売上高全体に占める関連サービス事業の比率を4割から8割へ引き上げて機器製造事業を縮小すると同時に，洋上風力など再エネ事業を拡大する計画を発表している（2021年9月1日）．

　発電機器メーカーがこうした戦略転換を図ることになったのは，前節で述べた投資家からの圧力や政府の方針転換によって，採算が取れる見込みがなくなり，石炭火力発電所の新設が国内外で困難になっているからである．例えば，2021年4月にJパワーと宇部興産が関わる山口県宇部市の石炭火力発電所計画が，また同月に丸紅と関西電力が関わる秋田県秋田市での新設計画も中止と

なった（2021年4月28日）[9]．

このように石炭火力発電所の建設が困難となる中で，火力発電機器メーカーは火力発電事業の縮小を図る一方，三菱重工，川崎重工，IHI は従来から培ってきた技術を活かすために，アンモニアや水素を利用した発電技術や，CO_2 の回収・再利用・貯留（CCUS）で状況の打開を図ろうとしている．

三菱重工は，2025年に天然ガスと水素を7：3の比率で混焼した大型ガスタービンを商用化し，水素100％専焼については，25年に中小型ガスタービンで，30年に大型ガスタービンでの商用化を計画している[10]．また同社は，30年代に出力20万kW以上の大型タービンでアンモニアを使用するガスタービンを商用化する計画である（日経産業新聞2022年8月19日）．

川崎重工は，ドイツのエネルギー会社である RWE Generation SE と，30MW 級ガスタービンで水素混焼・水素専焼の実証運転を2025年に開始する予定である[11]．また，沖縄電力の具志川火力発電所の1号機にバーナーなどの設備を納入し，25年にアンモニアと石炭を混焼する実証実験に乗り出している（同上）．

IHI は，液体のままアンモニアを使用できる 2,000kW 級ガスタービンを2026年度に実用化し，将来的には4万kW級の中型まで広げることを構想している．また同社は，JERA の碧南火力発電所の4号機で，アンモニアを約20％混焼する実証実験を23年度に始め，40年代のアンモニア専焼を目指している（同上）．

こうしたメーカーは，アジア諸国を中心に，日本政府の支援を受けながら，アンモニア火力を海外展開しようとしている．例えば，インドネシアのスララヤ石炭火力発電所で，アンモニア混焼技術を導入するための支援を日本政府が行うと同時に，この事業の1つを三菱重工が担うことになっている．同事業は数千万ドル規模になる見通しで，今後，日本の官民で100億ドルが投じられる（2022年1月10日）．また，インドでは，IHI が新エネルギー・産業技術総合開発機構（NEDO）の支援を受け，同国西部の既設の石炭火力発電所にアンモニアを混焼する実証事業に乗り出している（2022年8月19日）．

　しかし，アンモニアと水素利用発電設備の本格的な商用化は，2040年代以降を見込んでおり，30年までに取り組むべき国際的な目標達成には全く貢献しない．また，アンモニアを燃焼して化石燃料と同程度の燃焼熱を得るには，現在のアンモニア製造技術では約2倍の化石燃料が必要となるため，脱炭素に向けてはむしろ逆効果との指摘もある[12]．

　CCUS事業では，1990年代から世界で初めて研究開発に乗り出した三菱重工が，世界シェア7割を占めている（2021年9月14日）．CCUSは，工場や発電所から発生するCO_2を回収して，石油や天然ガスなどの化石燃料の採掘跡に貯留する技術であるが，日本周辺には貯留に適した場所が少ない．現在，北海道苫小牧市でCCUSの実証試験が行われているが，CO_2の累計貯留量は年間30万トンで，ENEOSホールディングスやJパワーも30年の事業開始を目指して貯留場所を選定しているものの，まだ具体的な候補地は決まっていない（2022年12月25日）．出力約100万kWの石炭火力1基が年間約600万トンのCO_2を排出するが，ほとんど国内では貯留しきれないため，回収したCO_2を他国まで輸送することになる．しかし，輸送費が膨大になるため実現性は乏しい．

（2）原　子　力

　2022年8月のGX（グリーントランスフォーメーション）実行会議において，岸田首相は原発政策に関し，① 再稼働したことがある10基に加え安全審査通過済みの7基を追加再稼働，② 運転期間の延長など既設原発の最大限活用，③「次世代革新炉」の開発・建設について3点検討するよう関係省庁に指示した（2022年8月25日）．電力の安定供給，電気料金の高騰，温暖化対策などを理由に，「可能な限り原発依存度を低減する」としてきた従来方針からの転換である．②と③は，21年に閣議決定した第6次エネルギー基本計画にも示されなかった内容であった．

　運転期間延長については，12月のGX実行会議において，原子力規制委員会による審査で停止していた期間などを運転期間から除外することで，「原則

40 年，最長 60 年」という現行のルールから，60 年以上の運転を可能とする方針が示された．

　③「次世代革新炉」の開発・建設は 2011 年 3 月福島第一原子力発電所の事故以来の「原発を新増設しない」という方針からの転換である．経産省が示した「次世代革新炉」の種類は，改良型軽水炉，小型モジュール炉，高速炉，高温ガス炉，核融合炉の 5 種類で，改良型軽水炉が最も早く実用化が可能であるとし，最優先で開発に取り組むとしている（2022 年 8 月 10 日）．こうした政府の方針転換を受けて，各メーカーの開発計画も相次いで報じられた．

　改良型軽水炉では，2022 年 9 月，三菱重工が，出力 120 万 kW 級の既存の加圧水型軽水炉（PWR）を改良した軽水炉を 30 年代半ばの実用化を目指して，関西電力，北陸電力，四国電力，九州電力と共同開発すると発表した．日立製作所も，GE との合弁会社である日立 GE ニュークリア・エナジーと既存の沸騰水型軽水炉（BWR）の改良に着手し，30 年代半ばの実用化を目指している（2022 年 9 月 30 日）．

　高温ガス炉では，2022 年 9 月，日本原子力研究開発機構が，英国立原子力研究所や原子力企業ジェイコブスと協力し，原子炉の基本設計や発電コストの調査に着手し，30 年代初頭にも実証炉を建造し，技術や経済性の検証計画に参画すると発表した（2022 年 9 月 4 日）．

　小型モジュール炉と高速炉については，政府が原発政策を転換する以前から，日本メーカーは海外メーカーと協力して開発を進めてきていた．

　小型モジュール炉では，日立製作所と GE の合弁会社である GE 日立ニュークリア・エナジーが，2021 年 12 月に日本メーカーで初めて小型モジュール炉を受注した．カナダ・オンタリオ・パワー・ジェネレーションに，1 基あたりの建設費が 700-800 億円の「BWRX-300」と呼ばれる小型モジュール炉を 4 基納入する計画である（2021 年 12 月 4 日）．三菱重工は，国内の電力大手と初期的な設計の協議入りをしており，建設費を 1 基 2,000 億円台，東日本大震災前の 5,000 億円規模の大型炉の半分以下にする計画である（2021 年 6 月 26 日）．IHI は，日揮ホールディングスや国際協力銀行と，出力約 7 万 7,000kW の原発

を開発している米国ニュースケール・パワーに出資している．IHI の横浜工場では，ニュースケール・パワーからの受注を目指して格納容器の開発を進めている（2022 年 8 月 23 日）．

　高速炉では，1970 年代から政府がリードして高速増殖炉「もんじゅ」の開発を進め，1 兆円以上の研究開発費を投じてきたが，トラブルが相次ぎ 16 年に廃炉が決定した．14 年 5 月に安倍首相（当時）が研究協力に合意し，三菱重工も参加していたフランスの高速炉「アストリッド」計画に軸足を移したが，フランス政府が 18 年 11 月に計画を凍結したため，日本の高速炉研究は行き詰まっていた．こうした中で，22 年 1 月に三菱重工が，日本原子力研究開発機構と米国の原子力新興企業である米テラパワーと米エネルギー省による高速炉の実証計画に協力すると発表した．テラパワーは米国西部ワイオミング州で出力 34 万 5,000kW の実証段階の高速炉を建設する計画で，米エネルギー省も支援し，28 年の運転開始を予定している（2022 年 1 月 3 日／同年 1 月 27 日）．

　以上のように，国内で新設計画が進まない中でも，メーカーによる「次世代革新炉」の開発は進められてきたが，政府の政策転換を受けて，実用化に向けた研究開発が加速している．しかし，現状では「次世代革新炉」の具体的な建設計画はない．電力事業者にとって多額の投資をして次世代革新炉をリプレース・新設するよりも，既存原発の再稼働や運転期間の延長で対応した方がメリットが大きいからである．

　しかし，政府は原発や火力発電など大規模な発電所の増設を支援する制度を 2023 年度に新設しようとしている．「長期脱炭素電源オークション」と呼ばれ，電力会社が原発や天然ガス火力発電を建設した場合，運転開始から原則 20 年間の収入を保証する仕組みである（2022 年 10 月 24 日／同年 10 月 25 日）．電力小売各社から発電所への拠出金によって設備投資を促し，最終的には電気を使う消費者が電気代として負担することが想定されている．また，水素やアンモニアを燃料に混ぜる設備などであれば，石炭火力発電も対象となりうる．

　このように，政府が原発の再稼働，運転期間の延長だけでなく，原発の建て替えおよび新設の推進に転じた状況下で，メーカーは「次世代革新炉」の研究

開発を加速させている．しかし，最も早く稼働開始を見込む改良型軽水炉で
あっても，稼働予定は 30 年代であり，その他の「次世代革新炉」の実用化は
さらに後の予定である．仮に政府がいうように，原発を発電時に CO_2 を出さ
ないクリーンな電源であると位置付けるとしても，少なくとも 30 年までの
CO_2 排出量削減には貢献しない．むしろ，原発への固執は，再エネ普及の遅れ
につながる．加えて，上述したように原発は発電コストでもメリットを失って
おり，廃棄物処理問題も全く見通しが立っていない．また，ウクライナのザポ
リージャ原発がロシアの軍事的な攻撃対象となっており，原発を保有すること
自体が安全保障上の脅威となっている．したがって，原発を推進することはあ
らゆる面で有効な手段ではないと思われる[13]．

（3）再　エ　ネ

1）太陽光／蓄電池

表 1 で示したエネルギー基本計画で，最も導入量が見込まれている再エネは
太陽光発電である．日本の太陽光発電は，2012 年 7 月に固定価格買取制度
（FIT）が導入されてから急速に導入が進んだ．導入量は 12 年度時点で 531 万
kW だったが，20 年度には 6,476 万 kW と約 12 倍に拡大した[14]．

また，太陽光の発電コストも低下しており，2017 年には 1 kW 時当たり 19
円台で取引されていたが，21 年には 10 円台まで低下し，22 年 3 月には初めて
9 円台になるなど，火力発電よりも安価で取引される状況が定着してきている
（2022 年 5 月 1 日）．これまで再エネの発電コストは，再エネ導入の懸案の一つ
とされてきたが，こうした課題は克服されている．ただし，依然として電源構
成の比率は低く，導入量や速度も諸外国と比べて見劣りする．

太陽光パネル生産では，日本メーカーは競争力を喪失し，中国メーカーを中
心とした海外メーカーが台頭している．2019 年における国内シェアは，ジン
コソーラー（中国）14％，カナディアン・ソーラー（カナダ）12％，ハンファ Q
セルズ（韓国）11％，トリナソーラー（中国）10％，JA ソーラー（中国）8％，
京セラ（日本）6％，ソーラーフロンティア（日本）5％で，初めて海外メーカー

が日本メーカーの出荷量を上回った．13年には国内製品が約7割占めていたが，19年は中国など海外製品が約6割を占めた（2020年11月7日）．

このような状況を反映して，太陽光関連設備の生産からの日本メーカーの撤退が相次いだ．パナソニックは，2021年2月に太陽電池の生産から撤退することを発表し（2021年2月1日），ソーラーフロンティアも，太陽光パネル生産から撤退すると発表した（2021年10月13日）．また蓄電池では，海外メーカーが日本市場に参入してきており，国内産業の脅威となってきている．米国のテスラは20年に家庭用蓄電池で参入し，21年4月に大型蓄電池の生産を開始している．中国のファーフェイ，ジンコソーラーも21年に家庭用蓄電池で日本市場に参入してきている（2022年1月5日）．

2）洋上風力

日本政府が再エネを「主力電源化」すると明記したのは2018年で，洋上風力発電所の整備を本格化させる法整備は19年からである．日本で導入が見込まれているのは，浮体式の洋上風力発電である[15]．30年までに1,000万kWの洋上風力案件を形成し，同年までに570万kWを稼働させる計画で，秋田県や長崎県などで建設計画が進行している．

こうした動向を受けて，欧州の風力関連企業は日本の洋上風力市場に相次ぎ参入している．ノルウェーの石油大手であるエクイノールは2018年に，洋上風力世界最大手でデンマークのオーステッドは19年に日本拠点を設け，日本での事業展開に本格的に乗り出している．スペイン電力大手のイベルドローラは，20年9月に風力発電事業を手掛けるアカシア・リニューアブルズを買収して，日本での洋上風力事業に参入した．スペインのシーメンスガメサは，日本を含むアジアでの受注拡大を狙って，21年に台湾で年間100基程度の風車を製造できる部品の組立工場を稼働させた（2021年11月7日）．

しかし，世界の累積導入量と比べると日本の導入量は見劣りする．2021年時点で世界の累積導入量は5,717万6,000kWに達するが，そのうち日本はわずか5万kWである．中国は2,768万kWで世界でも突出しているが，他のアジア諸国においても，ベトナム99万kW，台湾24万kW，韓国14万kWと日本

の導入量とは開きがある（2022年6月15日）.

　風力発電機器の生産に関しては, 日本メーカーは競争力を喪失し, 中核部材である風車生産から日本メーカーはすでに撤退している. 日立製作所は2019年に生産停止を発表し, 三菱重工はヴェスタス製品の販売のみを行っている.

　風力発電機生産では, 海外メーカーのシェアが大きい. 2020年の洋上風力発電機の世界シェアは, シーメンスガメサ（スペイン）23.6%, 上海電気風電集団（中国）21.5%, ヴェスタス（デンマーク）15.0%, 明陽智能（中国）14.8%, 遠景能源（中国）10.5%, その他14.6%で, 中国と欧州メーカーが圧倒している（2022年2月4日）. 日本国内においても, 19年の国内風力発電機シェアは, 米GE17.6%, 独エネルコン16.7%, デンマーク・ヴェスタス15.9%, 日立製作所11.8%, 西シーメンスガメサ10.4%, 三菱重工10.2%, 日本製鋼所6.7%であった（2020年11月7日）.

　日本メーカーは, このように競争力を喪失している中で, 部材の国産化に活路を見出そうとしている. 例えば, JFEホールディングスは, 風力発電機の構造部材モノパイルを国内で一貫生産, 発電設備の保守・管理の展開を目指している. 日鉄エンジニアリングは, 北海道の洋上風力向けに風車の土台の製造している. 東芝は米GEと提携し, 風車の駆動装置ナセルの国内製造を検討している（2021年5月25日／2022年10月28日）.

　3）　地　　　熱

　日本の地熱発電は, 資源量が2,300万kWあり, 米国, インドネシアに次いで世界第3位の潜在力があるが, 2019年時点の地熱発電の導入量は約55万kWで, 国内資源量全体の約0.2%に留まる[16]. その一方で, 日本の発電機器メーカーが競争力を保持してきた分野である.

　三菱重工, 東芝, 富士電機は, 高温かつ大型の「フラッシュ方式」と呼ばれる地熱発電を得意としており, 世界メーカー別シェアは, 3社で約7割を占めている. しかし, 「バイナリー方式」と呼ばれる従来よりも低温かつ小型の地熱発電の導入が近年進んできており, 米オーマット・テクノロジーズなどの米国メーカーが台頭してきている. バイナリー方式に限定すると, 米国メーカー

が8割以上のシェアを握り，地熱発電全体でもオーマット・テクノロジーが約14％とシェアを高めている．バイナリー方式の方が発電コストはやや高いが，比較的小規模な開発で済み低温で発電できるため，地下温度が高くない国でも導入できる．発電用にくみ上げた熱水をほぼ地下に戻すため環境負荷が低いというメリットも有している（2021年10月12日）．

4．発電機器メーカーの課題

　以上のように，日本政府および発電事業者そして発電機器メーカーは，脱炭素に向けて再エネの拡大を図る一方で，水素やアンモニアを利用した火力発電やCCUS，また原発を推進することで発電部門の脱炭素を図ろうとしている．しかし，これらの発電方法は技術的にも経済的にも課題が山積しており，少なくとも2030年までのCO_2排出量削減には貢献しないことは明らかである．むしろ，再エネの普及を遅らせ，かえって脱炭素は遠のくことも懸念される．

　日本の再エネ普及が遅れる中で，日本の発電機器メーカーが競争力を有していた太陽光，洋上風力，地熱などの分野では競争力を喪失し，欧米や中国メーカーが台頭した[17]．かつて，通信機器メーカーのNEC，富士通，沖電気工業などは，NTTを相手に独占的に安定した取引を継続し安定した収益を獲得してきた．しかし，2010年頃にスマートフォンが普及する中で，開発が遅れた日本メーカーは，最終的にはNTTが取引先を新興国メーカーに切り替えてしまい，その地位が失墜した[18]．今後，国際社会からの圧力が強まり，政府や電力会社が再エネ中心に転換せざるを得なくなった場合，発電機器メーカーはかつての通信機器メーカーのような敗北をみる可能性すらある．

　日本政府の発電部門における「脱炭素」方針は，大手電力会社や発電機器メーカーの短期的利害に配慮した面も否定できず，従来から培ってきた技術に固執しているとも評価できる．他方，大胆な再エネ転換と関連産業の発展を実現している各国での産業政策では，中長期的観点から企業行動を規制し，新しい事業分野や技術革新を促す方向への転換が図られているものと考えられる[19]．

　現在の日本では，賃金が上がらない中で物価が急騰し，国民生活を圧迫している．物価高騰の背景には，コロナ禍とロシアのウクライナ侵攻が招いた世界的な物価上昇と，日銀の低金利政策の継続に伴う円安の急伸による輸入品価格の高騰が指摘できる．また円安の要因としては，近年の貿易赤字，とりわけその赤字を規定している化石燃料輸入額の拡大も見逃せない．今後もエネルギー供給を海外からの輸入資源に依存し続けることは，人々の生活が化石燃料価格の乱高下や国際情勢に左右され続けることを意味する．このような日本経済の不安定性・脆弱性を克服するためには，化石燃料輸入の継続を前提にした政府の「脱炭素」方針よりも，より全面的な再エネ転換を促す政策が志向されるべきと考える．

　確かに，日本政府が現在推進しようとしている「脱炭素」方針によって，日本の発電機器メーカーは従来からの技術的強みを発揮し，また国内市場を中心に短期的には利益を享受できるかもしれない．しかしながら，世界で再エネが急拡大する中で，再エネ転換に遅れた日本メーカーが中長期的に世界シェアを失い，多大な不利益を被る帰結となることも懸念される．

1)　環境省「石炭火力発電輸出ファクト集 2020」を参照．
2)　RE100 ホームページ（https://www.there100.org/，2022 年 12 月 13 日閲覧）および JCLP ホームページ（https://japan-clp.jp/climate/reoh，2022 年 12 月 13 日閲覧）．
3)　環境省「SBT 概要資料」，5-6 ページ．
4)　新聞報道からの引用・参照については特に注記せず，このように括弧に入れて年月日を付す．出所は断りのない限り，『日本経済新聞』朝刊である．
5)　環境省「世界のエネルギー起源 CO_2 排出量」，1 ページ．
6)　環境省「2020 年度温室効果ガス排出量（確報値）概要」，5 ページ．
7)　気候ネットワーク「日本の大口排出源の温室効果ガス排出の実態温室効果ガス排出量算定・報告・公表制度による 2018 年度データ分析」，1-2 ページ．
8)　2014 年 2 月に，三菱重工と日立製作所が両社の火力発電事業を統合して設立した企業．
9)　なお，神奈川県横須賀市，兵庫県神戸市，愛媛県西条市，長崎県西海市では，石炭火力発電所の建設計画が進行中である．Japan Beyond Coal「日本の石炭火力発電

所データベース」(https://beyond-coal.jp/map-and-data/, 2022 年 12 月 27 日閲覧).

10) 三菱重工株式会社「MHI REPORT 2022」, 35 ページ.

11) 川崎重工業株式会社「グループビジョン 2030 進捗報告会」, 64 ページ.

12) 市村, 2022 を参照.

13) 原子力発電が気候変動対策にならない点やその他の問題点については, 舘野・岩井, 2022, および深草, 2022 を参照.

14) 資源エネルギー庁「太陽光発電の国内導入量とシステム価格の推移」(https://www.enecho.meti.go.jp/about/whitepaper/2022/html/2-1-3.html, 2022 年 11 月 20 日閲覧).

15) 洋上風力発電は, 技術的には着床式と呼ばれるものと浮体式と呼ばれるものがある. 近海の水深が深い日本で普及が見込まれているのは, 特に浮体式の洋上風力発電である.

16) JOGMEC ホ ー ム ペ ー ジ (https://geothermal.jogmec.go.jp/information/plant_japan/, 2022 年 12 月 23 日閲覧).

17) 日本で再エネ普及が進まない理由については, 和田, 2022 に詳しい.

18) 大西, 2017 を参照.

19) 村上, 2021 を参照.

参 考 文 献

市村正也「アンモニアを燃料として使う?」,『日本の科学者』, 第 57 巻第 12 号, 2022 年, 17-18 ページ.

大西康之『東芝解体 電機メーカーが消える日』, 2017 年, 講談社.

気候ネットワーク「日本の大口排出源の温室効果ガス排出の実態温室効果ガス排出量算定・報告・公表制度による 2018 年度データ分析」(https://www.kikonet.org/wp/wp-content/uploads/2022/06/analysis-on-ghg-emissions-2018.pdf, 2022 年 11 月 24 日閲覧).

経済産業省「基本政策分科会に対する発電コスト検証に関する報告」(https://www.enecho.meti.go.jp/committee/council/basic_policy_subcommittee/mitoshi/cost_wg/pdf/cost_wg_20210908_01.pdf, 2022 年 12 月 23 日閲覧).

川崎重工業株式会社「グループビジョン 2030 進捗報告会」(https://www.khi.co.jp/ir/pdf/etc_221206-1j.pdf, 2022 年 11 月 24 日閲覧).

環境省「石炭火力発電輸出ファクト集 2020」(https://www.env.go.jp/earth/post_72.html, 2022 年 12 月 17 日閲覧).

環境省「SBT 概要資料」(https://www.env.go.jp/earth/ondanka/supply_chain/gvc/files/SBT_gaiyou_20221201.pdf, 2022 年 12 月 13 日閲覧).

環境省「世界のエネルギー起源 CO_2 排出量」(https://www.env.go.jp/content/

000098246.pdf，2022 月 12 月 23 日閲覧）．

環境省「2020 年度温室効果ガス排出量（確報値）概要」(https://www.env.go.jp/
content/900518857.pdf，2022 月 12 月 23 日閲覧）．

村上研一「日本経済を改革するための基本的な方向性　2. めざすべき経済・社会のあ
り方」，支え合う社会研究会編『資本主義を改革する経済政策』，かもがわ出版，
2021 年，72-83 ページ．

資源エネルギー庁「エネルギー基本計画の概要」(https://www.enecho.meti.go.jp/
category/others/basic_plan/pdf/20211022_02.pdf，2022 年 11 月 23 日閲覧）．

舘野淳・岩井孝「原子力発電は気候変動対策の"切り札"となり得るか」，『気候変動
対策と原発・再エネ』，あけび書房，2022 年，75-98 ページ．

深草亜悠美「原発は気候危機対策たりえるのか」，『経済』，新日本出版社，第 321 号，
34-41 ページ．

三菱重工株式会社「MHI REPORT 2022」(https://www.mhi.com/jp/finance/library/
annual/pdf/report_2022.pdf，2022 年 11 月 24 日閲覧）．

和田武「日本の再エネ普及の立ち遅れを克服し，平和で持続可能な社会をめざそう」，
『気候変動対策と原発・再エネ』，あけび書房，2022 年，163-197 ページ．

第3章　企業によるSDGsの実装と競争戦略

樋　口　晃　太

〈第3章のポイント〉

① SDGsの認知度は，消費者も企業も約9割の水準まで高まって
きており，広く浸透しつつあるが，消費者は必ずしも好意的に
受け止めているわけではない．

② SDGsの代表的な実装方法には，企業起点の「インサイド・ア
ウト」アプローチと社会起点の「アウトサイド・イン」アプ
ローチが挙げられるが，問題点も山積している．

③ 企業は事業や商品のターゲットである消費者を起点としたアプ
ローチを新たに採用することで，より強固な競争優位を構築で
きる可能性がある．

　本章では，企業によるSDGs（持続可能な開発目標）の実装方法を概説した上
で，その問題点について論じていく．さらに，その問題点を解決し，企業が
SDGsの目標を達成しながら，競争優位を構築する新しいアプローチを提案し
た上で，その有用性について検証していく．

　具体的には，以下の手順で研究を進める．まず，SDGsの浸透状況につい
て，企業と消費者の両面から最新のデータを紐解いていく．その上で，SDGs
の企業行動指針である「SDG Compass」，および企業が社会問題の解決と競争

優位の構築を両立するための理論である「CSV（共通価値の戦略）」に依拠しながら，SDGsの主要な実装方法である「インサイド・アウト」アプローチと「アウトサイド・イン」アプローチについて概説する．さらに，時代背景も踏まえながら，2つのアプローチの問題点について論じ，それらを解決する新しいSDGsの実装方法として「コンシューマー」アプローチを提案する．最後に，「コンシューマー」アプローチを用いて実装されたSDGsの取り組みを消費者が知覚した際，その企業の商品に対する購入意向が高まるかどうかについて，実験的なアンケート調査から検証していく．

1．SDGsの浸透状況

(1) 一般消費者におけるSDGsの浸透状況

2015年にSDGsが採択され，約8年の歳月が流れた．まずは，一般消費者におけるその浸透状況について確認していきたい．

ソーシャルプロダクツ普及推進協会（以下，APSP）が実施した「生活者の社会的意識・行動に関する調査」[1] によると，2022年9月現在のSDGsの認知度は，89.5％であるという．具体的には，「SDGsについて，『よく知っている』，『おおよそ知っている』，『あまり知らない』，『まったく知らない』と回答した人の割合は，それぞれ11.0％，44.5％，34.0％，10.5％」であった．また，2020年，2021年に実施した調査では，「『まったく知らない』と回答した人の割合は，それぞれ50.0％，23.0％であったことから，この2年間でSDGsの認知度は，約5割から9割まで上昇した」という．（図1参照）

これらのデータから，ここ数年でSDGsの認知度は，大幅に上昇しており，ほとんどの一般消費者がSDGsを聞いたことはあり，半数を超える消費者がその意味まで理解していることが分かる．

その一方，APSP（2023）では，認知度は拡大する一方で，その受け止められ方は「ネガティブ」であると指摘されている．具体的には，「SDGsに関するニュース等を見聞きするようになり，人や地球にやさしい商品に対する関心が高まった」消費者は，48.0％（「当てはまる」と「やや当てはまる」の合計）であっ

図1　SDGsの認知度（N＝600，SA）

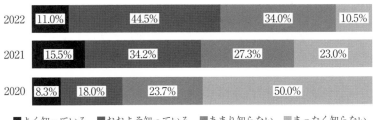

	よく知っている	おおよそ知っている	あまり知らない	まったく知らない
2022	11.0%	44.5%	34.0%	10.5%
2021	15.5%	34.2%	27.3%	23.0%
2020	8.3%	18.0%	23.7%	50.0%

■よく知っている　■おおよそ知っている　■あまり知らない　■まったく知らない

（出所）　APSP, 2023

図2　SDGsの受け止められ方（N＝600，SA）

SDGsに関するニュース等を見聞きするようになり，
人や地球にやさしい商品に対する関心が高まった（N＝600，SA）

8.3%	39.7%	35.0%	17.0%

SDGsに関連した企業の取り組みや情報発信は，どれも似たような印象がある（N＝600，SA）

9.3%	42.8%	31.2%	16.7%

SDGsに関連した企業の取り組みや情報発信に抵抗がある（N＝600，SA）

6.0%	31.8%	40.3%	21.8%

■当てはまる　■やや当てはまる　■あまり当てはまらない　■当てはまらない

（出所）　APSP, 2023

たという．また，「SDGsに関連した企業の取り組みや情報発信は，どれも似たような印象がある」，「SDGsに関連した企業の取り組みや情報発信に抵抗がある」と考えている消費者は，それぞれ52.1%，37.8%（同上）であった．（図2参照）

　すなわち，SDGsの浸透によって，それが日々の商品選択に結び付いている消費者は約半数以下であり，それどころか既視感や抵抗といったライバル企業の商品に対する競争劣位にさえつながりかねない現状にあると分かる．

　図1と図2のデータを総合的に考えれば，SDGsが浸透し当たり前になりつつある時代背景では，企業は単にSDGsに取り組むだけでは不十分であること

がうかがえる．競合他社との差別化につながる SDGs の取り組みを実装し，消費者からの支持を得ることができなければ，競争優位を構築することは難しい．このような問題意識から，本章の第 4 節では，企業による SDGs の取り組みが消費者の商品に対する購入意向を高めるかどうかに関する実験的な調査を実施する．

(2) 企業における SDGs の浸透状況

本項では，企業における SDGs の浸透状況について確認していきたい．「KPMG グローバルサステナビリティ報告調査」[2) によると，日本の売上高上位 100 社のうち，その 100％の企業が統合報告書や年次報告書などでサステナビリティに関する報告を実施しており，またその 89％の企業は SDGs に関する報告も実施しているという．中小企業に絞っても，「第 42 回　当面する企業経営課題に関する調査」[3) によれば，経営者の 93.4％が SDGs を認知しており，さらに 74.5％が何らかの SDGs に沿った活動を展開しているという．これらのデータを踏まえると，企業の規模を問わず，ほとんどの企業が SDGs を認知しており，具体的な事業活動や統合コミュニケーションにも実装されていることが分かる．

しかし，企業による SDGs の実装にあたって課題がないわけではない．例えば，SDGs 実装に向けた課題としては，具体的な目標の設定（84.6％），戦略への統合（82.6％），既存の事業活動との結び付け（73.5％），新製品開発との結び付け（76.7％）などが挙げられている[4)．これらの課題と関連して，次節では企業による SDGs の実装方法について論じていきたい．

2．企業による SDGs の実装方法

GRI（グローバル・レポート・イニシアチブ）と UNGC（国連グローバル・コンパクト），WBCSD（世界経済人会議）は，SDGs の企業行動指針として「SDG Compass」を発行している．同書では，企業が SDGs を実装するためのステップが 5 段階で示されている．具体的には，ステップ 1 は「SDGs を理解する」，

ステップ2は「優先課題を設定する」，ステップ3は「目標を設定する」，ステップ4は「経営へ統合する」，ステップ5は「報告とコミュニケーションを行う」とされる．前節の(2)で論じた各種データに鑑みれば，ステップ1と5は，多くの企業が実践できている可能性が高い．その一方で，SDGs の実装に向けた課題として挙げられていた，目標の設定や戦略への統合，事業活動や新製品との結び付けなどはステップ2〜4と深く関わってくる．

　それらの中で，特に重要視されるアプローチ方法が，「インサイド・アウト」アプローチと「アウトサイド・イン」アプローチである．これらは，「SDG Compass」のみならず，Porter & Kramer（2006；2011）が提唱した「CSV（共通価値の戦略）」[5]においても，社会問題の解決を本業に実装する方法として，その重要性が指摘されている．そこで本節では，「インサイド・アウト」と「アウトサイド・イン」アプローチについて，「SDG Compass」と「CSV（共通価値の戦略）」に依拠しながら，概説していきたい．

(1)　「インサイド・アウト」アプローチ

　「インサイド・アウト」とは，「企業起点」による本業で社会問題を解決するアプローチである．企業が保有する経営資源や現行の事業目標をベースとして，解決し得る社会問題に取り組むことを指す．具体的には，バリューチェーンを用いて，事業活動が地域社会に影響を及ぼす社会問題や，関連する SDGs の各目標・ターゲットを洗い出すことが推奨される．

　バリューチェーンとは，「企業が行う活動を，技術的あるいは経済的な特徴によって分類したもの」である（図3参照）．具体的には，9つのカテゴリーに分けられる．まず主要活動に分類される5つは，「購買」，「オペレーション」，「出荷」，「マーケティングや営業」，「サービス」といった「物理的に製品をつくり，マーケティングし，買い手に届けるための活動」である．そして支援活動に分類される4つは，「企業インフラ」，「人材マネジメント」，「技術開発」，「調達」といった「主活動を実施するために，資材やインフラを供給する活動」である[6]．

図3　バリューチェーンの概念図

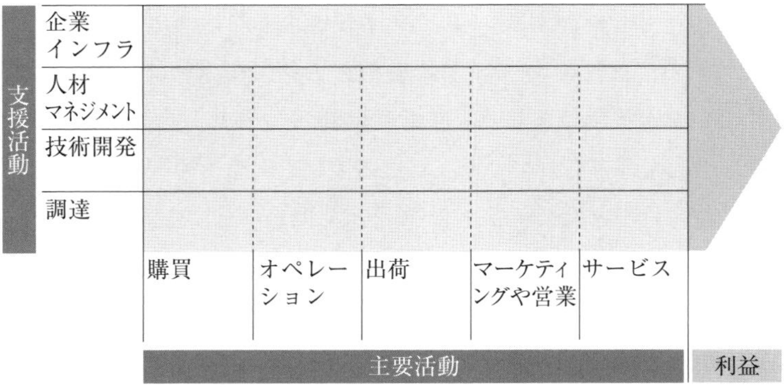

（出所）　Porter, 2008，邦訳Ⅰ，150ページ

　「インサイド・アウト」アプローチでは，9つに分類した自社の活動について，SDGsの各目標・ターゲット・指標に対する正と負の影響を洗い出し，それらを最大・最小化する事業活動を再設計することが求められる[7]．とはいえ，SDGsの目標・ターゲット・指標は，それぞれ17・169・232にわたり，それら一つ一つとバリューチェーンの構成要素すべてを検証するのは，現実的ではない企業もあるだろう．CSVでは，洗い出しの観点として，集約された6つ（「エネルギーの利用とロジスティックス」「資源の有効活用」「調達」「流通」「従業員の生産性」「ロケーション」）が挙げられている[8]．洗い出しの観点としては大まか過ぎるかもしれないが，まずはこれら6つの観点から大きくバリューチェーンの諸活動を検討した上で，SDGsの関連する目標・ターゲット・指標に鑑みて事業活動を設計すれば，効率的かつ網羅的に「インサイド・アウト」アプローチが達成され得る．

(2)　「アウトサイド・イン」アプローチ

　「アウトサイド・イン」とは，「社会起点」による本業で社会問題を解決するアプローチである．企業が地域社会やステークホルダーを悩ます社会問題にまず目を向け，それらを解決し得る事業や商品・サービスを開発することを指

す．具体的には，ダイヤモンドフレームを用いて，事業地域の問題を洗い出す
ことが推奨されている．

　ダイヤモンドフレームとは，事業地域の「立地が企業の競争力に影響を及ぼ
す四つの分野を示すもの」である（図4参照）．具体的には，「生産要素（投入資
源）条件」，「需要条件」，「関連産業・支援産業」，「企業戦略・競合関係」から
成る．「生産要素（投入資源）条件」とは，熟練労働者やインフラなど，その産
業で競争するのに必要な資源を指す．「需要条件」とは，その産業の製品や
サービスに対する事業地域の需要の性質を指す．「関連産業・支援産業」と
は，供給業者に関連する産業や，事業分野に関する研究支援機関といった，何

図4　ダイヤモンドフレームの概念図

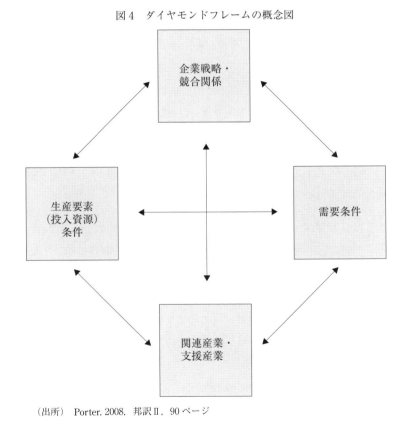

（出所）　Porter, 2008, 邦訳Ⅱ, 90 ページ

らかの形で補完関係にある地元の産業を指す.「企業戦略・競合関係」とは,国内環境や政策によって生じる,企業の設立・組織・経営のあり方や競合関係の性質を指す[9].

「アウトサイド・イン」アプローチとは,これらの事業環境を構成する要素や主体それぞれが抱える問題やニーズと,SDGsの各種目標・ターゲット・指標が重なる領域を特定し,そこに本業を通して取り組むことが求められる.その際,重要視されるのが意欲的な目標設定とステークホルダーとのパートナーシップである.前者については,よりSDGsに対するインパクトが高い目標を設定する方が組織のイノベーションや創造性が刺激され,かつその姿勢がステークホルダーからの支持につながりやすいためである.後者については,より大きい目標は達成難易度の高さに直結するため,自社単独での完結は困難であり,多様なステークホルダーとの協働が必須になるためである.その際のパートナーシップにおいては,バリューチェーンを構成する主体同士の縦の関係,業界全体で基準や慣行などを改善する横の関係,そして異業種や行政機関,研究機関や市民団体といったセクターをまたいだ関係の3つを検討しなければならない[10].

3.「インサイド・アウト」と「アウトサイド・イン」の問題点と新たなアプローチ

前節で論じたアプローチによってSDGsを実装すれば,企業はバリューチェーン(事業活動)を改善し,より良いダイヤモンド(事業環境)やステークホルダーとの関係を構築することができる.その一方で,2つのアプローチを中心としたSDGsの実装については,批判もある.そこで本節では,「インサイド・アウト」と「アウトサイド・イン」アプローチの問題点を検討し,それらを解決し得る新たなアプローチを提案したい.

(1) 問題点①:事業と社会問題の相性

仮に,すべての企業が「インサイド・アウト」や「アウトサイド・イン」ア

プローチを用いて，社会問題に取り組めば，達成が進む目標と放置される目標の二極化が深刻になる[11]．なぜなら，SDGsの目標や社会問題の種類には事業を通して解決しやすい目標・問題もあれば，逆にそうでない目標・問題も存在するからである．

　例えば，あらゆる事業活動の稼働にエネルギーが必要不可欠であることを考えれば，目標7「エネルギーをみんなに そしてクリーンに」と密接に関連する「脱炭素」は，事業活動と相性が良い社会問題であろう．一方，目標10「人や国の不平等をなくそう」や目標16「平和と公正をすべての人に」と深く関わる「難民問題」が，事業活動や事業環境と密接に関連している企業は，相対的に少ないと考えられる．

　SDGsは全世界の問題を解決するための17の網羅的な目標であるにもかかわらず，企業が「インサイド・アウト」と「アウトサイド・イン」アプローチを採用することで，SDGs達成に向けた取り組みが偏狭になる恐れがある．

　ただし，上記の問題点はあくまで企業側の視点に限られることを付け加えたい．というも，APSP（2020）によると，一般消費者にSDGsの17の各目標に対する関心度合いを質問したところ，どの目標にも25%以上の人が関心を持っており，17のうちいずれか1つ以上の目標に関心がある人の割合は，65.1%であった（図5参照）．また，消費者の属性によって関心の傾向は異なる傾向も明らかになっている（例えば，若年層は発展途上国に関するグローバルな問題に，より

図5　消費者のSDGs各目標に対する関心

SDGs いずれか	1 貧困をなくそう	2 飢餓をゼロに	3 すべての人に健康と福祉を	4 質の高い教育をみんなに	5 ジェンダー平等を実現しよう	6 安全な水とトイレを世界中に	7 エネルギーをみんなにそしてクリーンに	8 働きがいも経済成長も
65.1%	31.8%	30.0%	36.3%	32.8%	25.1%	36.0%	31.9%	31.8%

9 産業と技術革新の基盤をつくろう	10 人や国の不平等をなくそう	11 住み続けられるまちづくりを	12 つくる責任つかう責任	13 気候変動に具体的な対策を	14 海の豊かさを守ろう	15 陸の豊かさも守ろう	16 平和と公正をすべての人に	17 パートナーシップで目標を達成しよう
27.8%	34.6%	32.2%	32.2%	36.6%	32.9%	32.8%	29.9%	25.1%

（出所）APSP, 2020

関心がある）．よって，過半数の消費者は個々人の文脈で多様な社会問題や
SDGsの目標に関心があることが分かる[12]．

(2) 問題点②：同質化の危険

　競争戦略論やマーケティング論において，SDGsの達成や社会問題の解決に
つながる事業や商品の展開は，同質化が進む市場の中で，機能や品質面に代わ
る新たな差別化の源泉として期待されてきた（Porter & Kramer 2011，中間・江
口 2015など）．しかし，時代背景を考えれば，「インサイド・アウト」と「アウ
トサイド・イン」アプローチによる社会問題の解決は差別化どころか，むしろ
同質化の源泉になりかねない．

　第1節で論じたようにSDGsが採択されてから約8年の歳月が流れた現在，
日本国内におけるSDGsの認知度は，消費者・企業ともに約9割の水準にまで
浸透している．さらには，経団連がSDGsの達成を柱として「企業行動憲章」
を改定する[13]など，もはやSDGsは企業活動の規範になりつつある．

　SDGs採択当初，「インサイド・アウト」と「アウトサイド・イン」アプロー
チによる事業活動や事業環境と密接に関わる社会問題の解決は，それ自体が先
進的で独自の取り組みであったかもしれない．しかし，SDGsが規範化すれば
するほど，その優位性は失われるであろう．

　(1)で述べたように，ただでさえ事業と相性が良いSDGsの領域は限られる．
ゆえに，自社の事業にとって関連が強いSDGsの取り組みは，事業内容が類似
する競合他社にとっても同様である可能性が高い．このような状況下で，多く
の企業が「インサイド・アウト」と「アウトサイド・イン」アプローチを採用
すれば，その取り組み内容の同質化は免れない．実際，図2のデータからも明
らかなように，消費者の過半数は，企業によるSDGsの取り組みについて，
「どれも似たような印象がある」と感じている．どの企業もSDGs目標達成の
ための取り組みが横並びに終始していれば，商品のターゲットやエンドユー
ザーである消費者に訴求し得る差別性とはなり得ないのである．

⑶　問題点③：企業と消費者の情報ギャップ

　もちろん，「インサイド・アウト」や「アウトサイド・イン」アプローチに
よる事業活動や事業環境と密接に関わる SDGs の目標達成が，事業の競争優位
や商品の売り上げにつながらないわけではない．事業活動や事業環境と SDGs
の取り組みの関連が強ければ強いほど，消費者の視点では社会問題を解決した
実績が事業の遂行能力や商品の品質を保証するものとなり，企業の信頼につな
がるという[14]．

　しかし，ほとんどの消費者は，購入する商品を手掛ける企業の戦略や事業内
容について，深く理解しているわけではない[15]．そもそも商品選択の際に，い
ちいち事業活動や事業環境と SDGs の関連などを意識する消費者は，それほど
多くはないだろう．

　上記の企業と消費者の情報のギャップは，これからの消費を担っていく Z
世代に顕著な傾向である．APSP（2023）によれば，社会問題の解決につながる
商品・サービスについて，どのような取り組みが購入につながるかを質問した
ところ，そうした商品・サービスの購入意向がある Z 世代（10 代 -20 代）は，
「自分の関心が高い活動」，「自分も参加可能な活動（ボランティアや寄付，SNS
での拡散など）」，「他の企業やブランドが行っていないユニークな活動」，「商品
や事業とは別の活動（社員ボランティア，寄付など）」といった回答が全世代と比
較して統計的優位に高く，それぞれ 38.5 %（全世代と比較して 7.5 %差），30.1 %
（12.3 %差），20.3 %（8.3 %差），14 %（6.0 %差）という結果だった（図 6 参照）．逆
に「インサイド・アウト」や「アウトサイド・イン」アプローチを採用した際
の取り組みとして想定される「深刻な社会的課題を解決する活動」，「その企業
やブランドらしい活動」，「商品や事業を通した活動」は，高い水準ではあるも
のの，統計的優位差は認められなかった．

　したがって，Z 世代は「インサイド・アウト」や「アウトサイド・イン」ア
プローチが想定する企業や社会の文脈よりも，消費者としての自分自身の文脈
で SDGs の取り組みを評価し，それが商品の売り上げや差別性につながる可能
性が高いことがうかがえる．いくら「インサイド・アウト」や「アウトサイ

50

図6　Z世代が購入したいと思う社会問題の解決につながる商品・サービスの取り組み

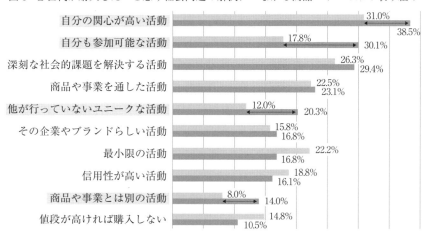

（出所）　APSP, 2023

ド・イン」アプローチを用いて，事業活動や事業環境と密接に関連したSDGs
の目標達成を実現しようとも，商品のターゲットやエンドユーザーである消費
者に評価されなければ，企業の競争優位は実現しないのである．この傾向は，
現在のZ世代が将来，消費の主役として台頭すればするほど，強くなると考え
られる．

(4)　解決方法：消費者を起点とする「コンシューマー」アプローチ
　企業によるSDGsの実装は，諸刃の剣である．展開する事業・商品が市場に
受け入れられれば，企業も社会も持続可能な発展を遂げるものの，売り上げが
伸び悩めば，企業にも社会にも価値を生み出すことはできない．ゆえに，
SDGs採択から約8年が経った時代背景を踏まえつつ，商品のターゲットやエ
ンドユーザーである消費者に受け入れられる商品の開発こそ優先するべき課題
であることが，(1)〜(3)で論じた3つの問題点から浮き彫りになった．
　以上を踏まえて，3つの問題点を解決し得る新たなSDGsの実装方法とし

て，企業起点の「インサイド・アウト」でも，社会起点の「アウトサイド・イン」でもない，消費者を起点とする「コンシューマー」アプローチを提案したい．

　「コンシューマー」アプローチの要諦は，商品のターゲットやエンドユーザーがより関心を持っているSDGsの目標・ターゲット・指標達成に取り組むことで，消費者の商品に対する共感性を高めることにある．商品のターゲットに特化した取り組みであるため差別化につながりやすく（問題点②の解決），その企業や商品への消費者の理解に関係なく訴求が可能（問題点③の解決）である．また，前述したように消費者のSDGsに対する関心は多様であるため，企業のSDGsが偏狭になる恐れもない（問題点①の解決）．

4．アンケート調査による「コンシューマー」アプローチの検証

(1)　アンケート調査の設計

　本節では，「コンシューマー」アプローチが，「アウトサイド・イン」や「インサイド・アウト」アプローチと比較して，商品の購入につながるかどうかを検証していく．そのために，架空の企業・商品におけるそれぞれのアプローチを設計・提示した上で，消費者に商品の購入意向を質問する実験的なアンケート調査を実施した．

　まず，具体的な企業・商品はアパレルメーカー・トートバッグとした．その理由は，以下の3点による．第1に，衣類・ファッション雑貨は，国内市場において，社会問題の解決につながる商品が比較的多く存在するカテゴリーである[16)]．第2に，アパレル業界は，あらゆる産業の中で2番目に汚染されていると評価され，SDGs目標達成を通した改善が嘱望されている[17)]．第3に，2020年のレジ袋の有料化に伴い，トートバッグは消費者の属性を問わず関心が高まっている商品と考えられる[18)]．

　次に，アパレルメーカー・トートバッグを想定した「アウトサイド・イン」および「インサイド・アウト」アプローチ，すなわちアパレルメーカーの事業活動や事業環境と密接に関連するSDGsの取り組みとして，社会貢献活動A

「オーガニック（有機）コットン普及プロジェクト」を設計した（表1参照）．設定の根拠としては，以下の社会問題がアパレル業界のバリューチェーン（調達や購買など）やダイヤモンド（生産要素条件や関連産業など）と密接に関連する汚染要因として深刻であることに鑑みた．

コットン畑の栽培面積は，世界の耕地面積の約2.5％であるにもかかわらず，世界で使用されている農薬・化学肥料のうち，15％以上がコットンに使用されており，生産者への健康被害や生態系への悪影響などが問題となっている．オーガニックコットンはその問題の解決やSDGs目標達成につながるため注目を集めているが，現状，その作付面積は全コットンの約1％に留まっているという[19]．

次に，「コンシューマー」アプローチ，すなわち消費者の関心が強い取り組みとして，社会貢献活動B「絶滅危惧種の保護プロジェクト」を設計した（表1参照）．設定の根拠としては，APSP（2018）におけるエコ商品（衣類・ファッション雑貨）の購入理由の上位（1位「商品そのものを気に入ったから（76.9％）」，2位「自然や動物が好きだから（51.9％）」，3位「地球環境を守りたいと思うから（48.1％）」※MA，N=52）に鑑みた．

その他，一般的なアパレルメーカーを想定した事業内容と，買い物用のトートバックであることを踏まえた商品特徴も設計した（表1参照）．

これまで設計した情報を，以下の3パターンで提示して，その結果を比較分析することで検証を行っていく．1つ目のABパターンでは，企業・業種＋事業内容＋商品＋商品の特長（以降，企業・商品情報とする）に加えて社会貢献活動Aと社会貢献活動Bの両方を提示した．2つ目のAパターンでは企業・商品情報と社会貢献活動Aを，そして3つ目のBパターンでは企業・商品情報と社会貢献活動Bを提示した．すなわち，Aパターンは「アウトサイド・イン」および「インサイド・アウト」アプローチ，Bパターンは「コンシューマー」アプローチ，ABパターンはそれらすべてのアプローチの採用を想定した取り組みを提示することになる．

調査対象は，全国の男女20代-60代それぞれ11名ずつである（計110名）．

表 1　アンケート調査で提示した情報

企業・業種	アパレルメーカー
事業内容	・繊維事業：繊維原料（綿花・コットン，原糸など）の輸入・販売 ・ファッション事業：衣類，雑貨，小物の製造・販売
商　品	トートバッグ
商品の特徴	・レジかご 1 つ分の買い物がすっぽり入る大きめサイズ ・軽くコンパクトにたためて持ち運びに便利 ・素材は綿（コットン）100％
社会貢献 活動 A	「オーガニック（有機）コットンの普及プロジェクト」 綿花・コットンの生産地では，農薬による生態系や生産者への悪影響が深刻化しています．本プロジェクトでは，生産地でのオーガニック農業の導入支援や，オーガニックコットンの輸入・販売，オーガニックコットン商品の製造・販売に取り組みます．
社会貢献 活動 B	「絶滅危惧種の保護プロジェクト」 環境破壊の影響で，絶滅危惧種の生物が増加しています．本プロジェクトでは，海や山の清掃活動や，絶滅危惧種の調査・保護を行う団体への寄付，そうした団体とのコラボレーション商品・イベントの展開に取り組みます．

（出所）　筆者作成

調査期間は，2021 年 10 月 1～2 日に実施した．調査方法はインターネットで，調査会社は株式会社マクロミルである．

(2)　検証結果と考察

　表 2 は，各パターンの購入意向の平均値である．またそれぞれのアプローチの効果をより浮き彫りにするため，A パターンでは社会貢献活動 A の内容を「アパレルメーカーらしい」，「ややアパレルメーカーらしい」と評価した人（N = 66），B パターンでは社会貢献活動 B の内容に「関心がある」，「やや関心がある」と回答した人（N = 68），AB パターンではそれらの両方を満たす人（N = 63）だけにフィルタリングした集計も実施した．表 3 は，パターン間ごとに一元配置分散分析を適用した結果である．

　各パターンの購入意向の平均値は，回答者全体でもフィルタリング対象で

表 2　各パターンにおける購入意向の平均値

全体	A パターン	B パターン	AB パターン
購入意向の平均※	2.89	3.07	3.33
フィルタ	A パターン	B パターン	AB パターン
購入意向の平均※	3.18	3.47	3.96

※　5：購入したい，4：やや購入したい，3：どちらともいえない，2：あまり購入したくない，
　　1：購入したくない
（出所）　筆者作成

表 3　パターン間ごとに一元配置分散分析を適用した結果

全体	P 値	A と B パターン間	A と AB パターン間	B と AB パターン間
	0.0001	有意差なし	5 ％水準で優位	有意差なし
フィルタ	P 値	A と B パターン間	A と AB パターン間	B と AB パターン間
	3.88E-6	5 ％水準で有意	1 ％水準で有意	5 ％水準で有意

（出所）　筆者作成

　も，AB パターンが最大（全体：3.33，フィルタ：3.96）となり，次いで B パターン（全体：3.07，フィルタ：3.47），最小が A パターン（全体：2.89，フィルタ：3.18）という結果になった．ただし，回答者全体で統計的有意差が認められたのは A と AB パターン間のみで，フィルタリング対象では A と B，A と AB，B と AB パターン間いずれも統計的有意差があった．

　上記の結果から，「アウトサイド・イン」および「インサイド・アウト」アプローチによる SDGs の取り組みと企業の事業内容との関連を理解し，かつ「コンシューマー」アプローチによる SDGs の取り組みに関心があるという条件を，消費者が満たせば，「コンシューマー」アプローチは少なくとも「アウトサイド・イン」や「インサイド・アウト」アプローチより商品の購入意向を高めやすく，両方のアプローチに取り組むことで，購入意向がさらに高まる可能性が示唆された．

最後に，本検証結果に以下の2つの考察を加えたい．

第1に，いずれのアプローチを採用するにしても，適切なプロモーションが重要である．本検証では，フィルタリング対象のみ3パターン間とも統計的な有意差が生じた．取り組みと事業との関連が伝わらなかったり，取り組み内容の情報が消費者の関心を捉えきれなかったりすると，商品の購入意向は十分に高まらないのである．

第2に，「コンシューマー」アプローチと「アウトサイド・イン」および「インサイド・アウト」アプローチの間には補完性があるかもしれない．双方のアプローチを採用したABパターンでは，高い購入意向が得られた．SDGsが規範化し，消費者の社会的意識がますます高度化・多様化するこれからの市場では，「アウトサイド・イン」および「インサイド・アウト」アプローチを通して事業上の社会的責任を果たし，「コンシューマー」アプローチを通して消費者の心をつかむ方針が，企業と社会の持続可能な発展を実現する上で重要になってくるのではないだろうか．

本研究には，課題も残されている．今回の調査はアパレルメーカーのトートバッグという限定的な状況設定に過ぎず，その設定は架空のものである．よって，他の産業や企業を想定したより多様な調査，そして実在する企業の商品やSDGsの取り組みを設定したより実践的な調査を実施することで，本研究で得られた示唆を追検証していくことが求められるだろう．

1)　APSP, 2023.
2)　KPMG ジャパン，2023.
3)　JMA, 2021.
4)　同上.
5)　CSV は，「社会のニーズや問題に取り組むことで社会的価値を創造し，その結果，経済的価値が創造されるというアプローチ」，「企業が事業を営む地域社会の経済条件や社会状況を改善しながら，みずからの競争力を高める方針とその実行」と定義されている（Porter & Kramer, 2011, 邦訳，9, 11 ページ）.

6）　Porter, 2008，邦訳 I，149-153 ページ．
7）　GRI et al., 2015, p. 12.
8）　Porter & Kramer, 2011，邦訳，18-21 ページ．
9）　Porter, 2008，邦訳 II，15 ページ．
10）　GRI et al., 2015, pp. 18-24.
11）　Crane et al., 2014, pp. 140-141.
12）　APSP, 2020.
13）　経団連，2017.
14）　薗部，2006，50-51 ページ．
15）　Porter & Kramer, 2006，邦訳，41 ページ；Rhee & Petersen, 2021, p. 592.
16）　中間・江口，2015，27-31 ページ；末吉，2016，30 ページ．
17）　UN, 2019.
18）　経済産業省，2020.
19）　末吉，2016，32-35 ページ．

参 考 文 献

経済産業省「プラスチック製買物袋有料化 2020 年 7 月 1 日スタート」，2020 年
　　（https://www.meti.go.jp/policy/recycle/plasticbag/plasticbag_top.html）．
末吉里香『はじめてのエシカル　人、自然、未来にやさしい暮らしかた』，山川出版
　　社，2016 年．
薗部靖史「企業の社会貢献活動のコミュニケーション効果―事業領域との適合性によ
　　る信頼の向上―」『一橋大学大学院商学研究科　博士論文』，2006 年．
ソーシャルプロダクツ普及推進協会（APSP）「『Social Value が若者と商品の結びつき
　　に及ぼす影響』調査」，調査期間：2018 年 3 月 11～18 日，調査方法：インターネッ
　　ト，調査対象：全国の 18～29 歳の男女 482 名．
ソーシャルプロダクツ普及推進協会（APSP）「第 7 回『生活者の社会的意識・行動に
　　関する調査』結果を発表 SDGs を達成する商品の購入者は、社会的取り組みに対す
　　る参加意欲が高い」，2020 年（https://www.atpress.ne.jp/news/204171）．
ソーシャルプロダクツ普及推進協会（APSP）「社会的課題の解決につながる商品・
　　サービスを『購入したい』生活者は過去最高！一方で『意識と行動のギャップ』広
　　がる．その解決策は !?」，2023 年（https://www.atpress.ne.jp/news/342646）．
中間大維・江口泰広（2015）『その商品は人を幸せにするか　ソーシャルプロダクツ
　　のすべて』，ファーストプレス社．
日本経済団体連合会（経団連）「『企業行動憲章』の改定について」，2017 年（https://
　　www.keidanren.or.jp/announce/2017/1108.html）．

日本能率協会（JMA）「第 42 回 当面する企業経営課題に関する調査」, 2021 年
（https://www.jma.or.jp/img/pdf-report/keieikadai_2021_report.pdf）.

Crane, A., G. Palazzo, L. J. Spence, & D. Matten, "Contesting the value of "creating shared value"" *California management review*, 56, 2014, pp. 130-153.

GRI & UNGC & WBCSD, "SDGs Compass" 2015 (https://sdgcompass.org/).

Porter, M. E. & M. R. Kramer, "Strategy and Society: The Link Between Competitive Advantage and Corporate Social Responsibility" *Harvard Business Review*, December, 2006.（村井裕訳「競争優位の CSR 戦略」『DIAMOND ハーバード・ビジネス・レビュー』2008 年 1 月号, 36-52 ページ）

Porter, M. E., *On Competition*, Harvard Business School Press, 2008.（竹内弘高訳『[新版] 競争戦略論 I』『[新版] 競争戦略論 II』ダイヤモンド社, 2018 年）

Porter, M. E. & M. R. Kramer, "Creating Shared Value: How to Reinvent Capitalism – and Unleash a Wave of Innovation and Growth" *Harvard Business Review*, January, 2011.（DHBR 編集部訳「共通価値の戦略」『DIAMOND ハーバード・ビジネス・レビュー』2011 年 6 月号, 8-31 ページ）

United Nations (UN), "UN launches drive to highlight environmental cost of staying fashionable" 2019 (https://news.un.org/en/story/2019/03/1035161).

Rhee, Y. P., C. Park, & B. Petersen, "The effect of local stakeholder pressures on responsive and strategic CSR activities" *Business & society*, 60 (3), 2021, pp. 582-613.

KPMG ジャパン「KPMG グローバルサステナビリティ報告調査」, 2023 年（https://kpmg.com/jp/ja/home/media/press-releases/2023/01/big-shifts-small-steps.html）.

※ Web 媒体の最終閲覧日は, すべて 2023 年 1 月 21 日.

第4章　デザイン思考のソーシャルイノベーション
——SDGs と知識創造——

井　上　善　博

〈第4章のポイント〉

① SDGs を中心に，グローバルな視点での社会的課題と経済発展の両立に注目が集まっている．この社会性と経済性を追求するのがソーシャルイノベーションである．

② ソーシャルイノベーションの原点は，経済主体がお互いの立場を尊重し，傾聴し合う共感意識である．この共感は利己的情念に対して親和的情念と呼ばれている．

③ 社会的問題の理解，最重要課題の抽出，新たな発想の創出，発想に基づく試行，より良い社会の構築というプロセスの繰り返しがデザイン思考である．

　自分が感じている社会的課題の背景には無意識に持っているニーズやウォンツがある．それはまさに暗黙知である．暗黙知の蓄積を探索して，それを形式知に落とし込むプロセスがソーシャルイノベーションの発端となる．暗黙知の峻別から課題を発想し，その課題についての先進例をリサーチする．そして個人目線での課題を再定義して，発想のプロトタイプを作る過程がデザイン思考である．デザイン思考の発想法は，社会の個々のニーズに細かに応えていくこ

とを目標とする．本章では過去に考案された SECI モデルを原点としつつも，その発展段階にあるデザイン思考からソーシャルイノベーションを考察していく．SDGs を中心とした，ソーシャルイノベーションを創出する 1 つのツールとして，デザイン思考に注目する．

1．ソーシャルイノベーションとアントレプレナー

　社会的課題の解決をミッションとしてビジネスを行っているソーシャル・ベンチャーや社会志向型企業が出現している．社会的課題の背景にあるニーズとウォンツをつかみ，新たなビジネススタイルを提案し，実行していく社会変革がソーシャルイノベーションである．イノベーションという言葉は技術的変革に用いられることが多いが，社会的仕組みの変革という側面から，社会的事象にもイノベーション概念を適用することができる．

　ソーシャルイノベーションは主に 3 つの要件を特徴としている[1]．第 1 の要件は社会性である．ローカルあるいはグローバルな視点で，解決が求められる社会的課題に取り組むことを事業のミッションとすることが社会性である．ソーシャルイノベーションでは，それぞれの領域でどのような社会を作りあげていくのかというビジョンを持つ必要がある．そのビジョンに向かって，社会変革していくことが第 1 の要件となる．

　第 2 の要件は事業性である．それは，上記の社会的ミッションを明確にビジネスの形に表現し，継続的に事業を進めていくことを意味する．ソーシャルイノベーションの事業はボランティアではないので，ビジネスを遂行するためのマネジメント力が必要になる．特に，社会とのコミュニケーション力，サービスの開発力，マーケティング力については高度で多様な資質が必要になる．事業を継続してくいには，資金の獲得，事業支出や活動に関するアカウンタビリティも求められる．

　第 3 の要件は革新性である．一般の企業ができないこと，そして，公共サービスができないことにチャレンジすることがソーシャルイノベーションの役割である．そのチャレンジにおいて，新しい社会的な商品やサービスの開発，そ

れらを市場に普及させるための新しい仕組みづくりが重要になる．ソーシャル・ビジネスを通じて，新たな社会的価値を生み出し，これまでの社会経済システムを変革していくことがソーシャルイノベーションの存在意義となる．つまり，この段階でソーシャルとイノベーションの融合という概念が登場する．

　ソーシャルイノベーションの一例としてコミュニティ・ビジネスがある．コミュニティ・ビジネスでは社会性や公共性が優先され，その成果の創出が複雑であるがゆえに，一般の企業以上にマネジメントの思考が必要になってくる．さらに，営利，非営利を問わず，継続する事業を起こす限りは，独自のデザイン性が必要であることはいうまでもない．

　まず，コミュニティ・ビジネスのデザインでは，その事業の目的，使命が認識されなければならない．生活や地域の中から，地域ニーズを把握し，事業の種を見つけ出すのがコミュニティ・ビジネスである．そして，一般企業と同様，ドメインの設定，すなわち事業を展開する地域の設定と，ターゲットとする顧客の設定が重要である．ただ，単純に地域に貢献する事業というあいまいな考え方では，コミュニティ・ビジネスの成果が，必要な人，地域に貢献できているかが明確にならないのである．

　実際，事業に乗り出すにあたっては，事業を行うメンバーを揃えなければならない．つまり，経営組織の良し悪しが事業の成功を左右するので，地域に貢献しようとする志のあるメンバーの力を引き出すことが重要になってくる．コミュニティ・ビジネスの場合，地域の雇用創出や生きがいの創出という目的があり，フルタイムで働くことの難しい主婦や定年退職後の高齢者などが中心となって働くことがある．そうした場合でも，勤務条件や処遇について，あるいは，異なる立場のメンバー同士の業務分担や責任の所在についてフェアーなマネジメントが行われなければならない．

　そして，コミュニティ・ビジネスだから「失敗してもよい」「できるだけ」といったあいまいな考え方は捨て，あくまでも目標達成を目指した事業計画を立案することが必要である．

　コミュニティ・ビジネスでは，① 社会的課題の解決を使命に掲げ，② 事業

に適切な資源をつなぎ，③ 社会的な課題を解決する事業モデルを構築することで，④ 地域社会に影響を与えるというデザイン・プロセスが一般的である．

　特に上記③の事業モデルの構築においては，以下の点を考慮するとより良いコミュニティ・ビジネスが構築されうる．コミュニティ・ビジネスの特色は，コミュニティに新しい社会サービスを提供することである．このサービスは，既存の一般企業では見過ごされていた領域や通常の仕組みでは採算が成り立たない領域で展開されるため，コミュニティの人たちのつぶやきに耳を傾け，地域資源を掘り起し，最先端技術の活用によって，地域を元気にする新しい事業が構築される．地域社会に分散した知識や知恵をコーディネートすることによって，実情に精通した人材（資源）が効率よく地域を支えるシステムが立ち上がる[2]．

　コミュニティ・ビジネスは，誰しもが手をこまねいていたコミュニティの問題に対して，地域のソリューションビジネスとして立ち上がり，その問題解決の方法および新たな創造性が生まれる．そして，地域に生活している人たちに対して問題を顕在化させ，かつその問題の解決に向けて働いている人たちの存在が明らかになることによって，さらに問題解決に向けた人たちの環が大きくなっていくことが期待される．

　現代の市場経済のもとでは，スピードや同質性といったものが優先されてきた．スピードを求めるため，企業で雇用される人たちは，企業側のニーズに合わせるため同質的にならざるを得ないという現状がある．その一方で，コミュニティ・ビジネスでは，地域をより良くしたいと思っている人たちが，自分の可能な範囲でその能力を発揮することができる．そのため，様々な能力を持つ人たちが活躍することが可能になっている．ソーシャルアントレプレナーや高齢者，主婦など多様な人材の多様性がコミュニティ・ビジネスの成果に結び付くのである．

　このように多様な人たちがコミュニティ・ビジネスに集うようになると，当然，そこで勤めている人たちはもちろんのこと，ビジネスの顧客の立場の人たちも含めて，新しいコミュニケーションが生まれてくる．このコミュニケー

ションによって，一人ひとりのものの見方や価値観が広がり，個人としての能力が向上することが期待できる．このような成果を合わせることにより，地域の活力や連帯感が生まれ，衰退していた地域は反転し，元気になっていくという相乗効果が期待できる．

　競争社会のもとで，多くの人たちは，所得や利益といった貨幣価値で測れる経済的価値を求めて，邁進してきた．しかし，地球環境問題や地域経済の疲弊など様々な問題が現代社会に生じていることに，多くの人たちは気付き始めている．このように問題の解決に自分も参加したいと思い始めている人たちも多いだろう．東日本大震災後，人と人とのコミュニケーションに価値を求める人たちも増えている．地球環境問題や地域の疲弊を改善すること，コミュニケーションを増幅させて大きな力にすることは，これまで世界を支えてきた巨大企業が忘れてきた社会的価値である．この社会的価値を生み出すコミュニティ・ビジネスは現在，将来にわたって必要とされるセクターである．

　ソーシャルイノベーションを主に担うのがソーシャルアントレプレナーという実業家であるが，なぜ近年ソーシャルアントレプレナーに注目が集まるようになったのか[3]．第1の理由は政府の失敗である．1980年代以前まで，医療，福祉，教育，介護などの公共サービスの提供は福祉国家の役割だった．しかし，福祉国家の公共サービスは限界を迎えるようになった．その理由は，大きな政府の限界である．そこから派生した問題として，公共サービスの供給効率の悪化や天下りなどの組織腐敗，税収を自分の財産のように使う役人意識という問題が生じた．そのため，国民の公共サービスへの批判は高まるようになった．これが政府の失敗である．つまり，公共側の意識が民間のニーズに応えられなくなったのである．そこで，古い官僚意識を破壊して，民間意識のイノベーションを推進するソーシャルアントレプレナーが登場したのである．

　次は市場の失敗である．自由な資本主義経済においては，隆盛を極める勝者と市場から排除される敗者が生まれる．競争に敗れ，破綻する市場の敗者やその末路の問題となる貧困は現代の市場経済では解決できない．社会福祉制度があるから大丈夫という楽観的な考え方は，今後通用しなくなってしまうだろ

う．先に考察したように政府の失敗によって，公共サービスの質と量は低下
し，市場の失敗で負けたすべての人々を救うことはできない．市場の失敗に
よって市場から排除された人々を自立した生活に戻す役割として，ソーシャル
アントレプレナーの手腕に期待が集まっている．貧困から犯罪へ，あるいは暴
徒化へという負のサイクルを防ぐためにもソーシャルイノベーションの役割は
大きい．しかし，ソーシャルアントレプレナーは誰でもよいというわけではな
い．自分の利得だけを追求し，倫理観に乏しい一部の資本家に社会消費分野
（医療・福祉・教育・環境・貧困など）を任すことはできない．倫理観という共感
力を備えたリーダーが，政府の失敗と市場の失敗という現代経済の大きな課題
を解決できるのである．SDGs という，これまで，自由主義経済や公共セク
ターが解決できなかった大きな課題は新たなアントレプレナーによるソーシャ
ルイノベーションに委ねられている．

2．共感から始まるデザイン思考

ソーシャルイノベーションの原点では，自分を含めた生活者のニーズは何
か，困っている点は何かを確認しなくてはならない．組織内外の個人が，多く
の意見を出し，さらに収束させていく課題を浮き彫りにしていくという過程
で，デザイン思考には必要になっていく．課題を見つける「理解力」，新しい
アイデアで議論する「発想力」，そしてアイデアを具現化する「試作・試行」
というプロセスのサイクルがデザイン思考なのである[4]．図1に示すように，
現状理解，課題の絞り込み，意見交換，試作・試行のプロセスを何度まわして
いるかで，ソーシャルイノベーションと生活者ニーズのマッチングの深化およ
び精度が高まる．プロジェクトの検証によると，今までの発想法に疑問を感じ
た現場のメンバーが，プロジェクトを組んでボトムアップでソーシャルイノ
ベーションを推進していくタイプが第1パターンである．第2パターンは今後
の社会に危機感を抱く経営者がトップダウンでソーシャルイノベーションを遂
行するタイプである．いずれのタイプにおいても，教科書やマニュアル的な手
法はないので，メンバーの発想力，モチベーションの高さが新たな環境を切り

図1　デザインシンキングとは何か

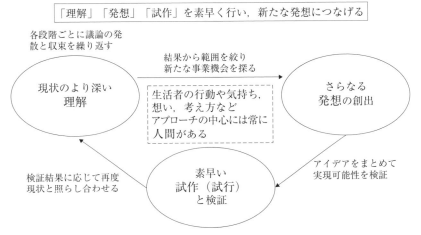

「理解」「発想」「試作」を素早く行い，新たな発想につなげる

各段階ごとに議論の発
散と収束を繰り返す

結果から範囲を絞り
新たな事業機会を探る

現状のより深い
理解

生活者の行動や気持ち，
想い，考え方など
アプローチの中心には常に
人間がある

さらなる
発想の創出

検証結果に応じて再度
現状と照らし合わせる

素早い
試作（試行）
と検証

アイデアをまとめて
実現可能性を検証

（出所）　日経デザイン編集部，2016 年，11 ページの図をもとに筆者作成

開く糸口になる．

　デザイン思考における企画は，自分自身の生活にあるちょっとした違和感に意識を向けることや自分の周りで面白いことを始めた知り合いのアイデアが出発点となる．無意識に感じている違和感をトレンドリサーチし，隠れたニーズやウォンツを表出化することで，新たな理解を深めることができる．あくまでもソーシャルイノベーションの起点は生活者の目線なのである[5]．実際にデザイン思考のプロセスを進めていくと，デザイン思考は，今自分たちが知らない何か新しいものを暗中模索の中で作りだすためのチームにとってのコンパスとして機能する．コンパスは自分たちがいる位置によって指し示す方向が異なる．それは，先の見えないチームにとってこれからどちらの方向に向かえばよいか指示してくれるガイドラインになる[6]．

　例えば日本の江戸時代，商業活動は活発化し，商人は生活者にとって必要不可欠な経済主体となった．しかし，江戸時代は武士を中心とした社会構造となっており，金銭を扱い，経済を担う商人は，卑しい存在とされてきた．石田梅岩はそうした時代の偏見に対して立ち向かい，商業行為の正当性を主張した

のである．正当な経済行為の結果としてもたらされる富を儲けることは，何ら恥じることはないという考え方が石門心学の原点である．ただし，商人の利得は「正直」な行いによって得るものでなければならないという考え方が付け加えられている．「正直」に儲けること，そして，儲けたお金を社会へ還元すること，それらが経済人としての商人が本来なすべき役割であることを世間に知らしめたのが石門心学である．「正直」に儲けることが，商人が果たすべき義務や責務であるという考え方は，社会の中での商人の役割，そして，よりどころを明確にしたといえるだろう．このように，生活者にとって少し違和感のあった商人の社会での立ち位置を理路整然とさせたのが石田梅岩という思想家であった．彼の思想（石門心学として確立している）は社会での違和感の感知・理解，正直経営という発想，経済人の立場の必要性を具現化するというデザイン思考で成立していた．

　一般的に自由主義経済で追求されることは，企業の業績パフォーマンスを高めて，繁栄の拡大を実現する力となる．繁栄の拡大とは，単純に，売上や利益の増加，経済的波及効果や業績の向上を意味する．共感を考慮しない自由主義経済，つまり，すべての人間が自分の利得の獲得目的のみに従って行動する経済活動においては（Smith, A. によれば利己的情念という），社会関係を構築する相手の行動が不明瞭になる．つまり，相手がやるといったことを絶対やるという確約がないので，その不確実性を回避するために取引コストが発生する．その結果，共感が構築されている時よりも，古典的な自由主義経済は，コストや不信感を生みだし，経済の繁栄はそれほど実現されない．企業の資金調達においても，組織への信頼がないため，資金の融資は行われない．貸しても戻らないという不信感から，資金の流れが停滞する．結果として，組織の資金繰りそして，経済活動の活力に対して，不信感が大きな影響を与えるのである．

　一方で，他人との共感を大事にしようとする思考が親和的情念であり，それは，他者との敵対よりも親和を好んで選択する人の心である．Smith, A. は，利己的情念と親和的情念について論じており，後者の重要性を論じている[7]．つまり，親和的情念は，共感なくして生まれない．共感から生まれる親和的情

念という意識が，経済活動をする人々にとって通常の意識になれば，前述したように取引コストが減少し，経済活動は健全化されうる．

　企業はより大きな経済的システムの1つの下位単位であり，その経営活動は経済システムの諸目標を達成する1つの手段である．企業が組織として創意工夫をし，例えばソーシャルイノベーションを創出することで，より大きな経済システムの中での企業の存在価値は高められる．上位の経済システムと下位組織である企業，そして，その企業の中の労働者の役割分担に関して，下位単位を構成する企業の中の人々の専門的役割が，上位の経済システムの役割と目標に合致することは難しいのであろうか．経済学の理論で議論されているように，企業が利益を極大化させ，消費者が自らの効用を最大化するような行動をとれば，経済厚生は保たれるので，個々の企業の「市場を拡大しよう」「顧客満足度を高めよう」「よい製品をつくろう」といった目標と経済の安定化，完全雇用の実現，経済の発展といった経済システムの目標は関連しあっているといえよう．さらに，共感意識を前提とすれば，社会の持続的発展という大きな目的のもとで，個々の企業は目標を達成し，企業の中の労働者が専門的役割を発揮すれば，企業の目的および労働者の役割は，社会の目的と一致するのである．

　企業の目的と社会の目的が一致することで，つまり，共感意識を持つことで，相補性という概念が生まれる．それは，異なった要素が一緒になって，初めて完全な全体が形成されるという意味を持っている．相補性の考え方を応用すると，自分にないものを持っている相手と連動することによって，新しい全体を構築することが可能になるのである．相補性の視点では，経済主体（国家・企業・労働者個人）間の関係では，一方が他方の犠牲の上に成り立つものではなく，各主体の目的を同時に実現することが求められる．このような考え方は，経済システムの目的（社会の目的）と企業の目的が相補の関係であることにも応用できる．

　企業組織内の創造活動において，決められた枠組みを簡略化し，企業組織の構成員が闊達な議論をすることで，魅力のある企業が生み出されるのである．

異空間，多様な結合，連続する時間軸と断絶した時間軸の中で多様な価値を認めあうことから持続的発展企業が生まれるのである．賃金が高いこと，業績の良いことが労働者のモチベーションに影響を与えるのだろうか．これらは，企業として最低限堅守しなくてはならない要件であるので，ある限度までの労働者のモチベーションを高める効果を持つであろう．さらに自分たちの仕事に誇りを持つ労働者は，彼らの所属する組織が社会的観点から良い仕事をしているか，つまり社会との共感を維持しているかということに関心を抱き，顧客のため，地域社会のために関与していくことにやる気を感じるのである．このようなモチベーションを持つ組織は，社会的な使命を果たす企業となり，つまり，社会にとって欠かせない企業となることで，その存続が実現できるのである．存続のために，まず利益を確保することに躍起になってしまうという企業が多く存在するが，社会にとってどのような経営判断が良いのか，その経営判断が正しいか正しくないかという情報開示をし，その経営判断に労働者を参加させることが企業存続の1つの条件となる．

　経済発展を実現すること，および，短絡的な思考ではなく相補性を持った思考で組織能力を磨くことが長期思考の経営に必要とされる．高度経済成長期の日本の大企業は経済成長を突き進んできた．しかし，経済が成熟化し，つまり国民の豊かさが満たされた現代においては，革新的な財やサービスの提供，社会的な課題解決に取り組むことが企業に求められている．このような経営環境においては，質的発展を目指す企業に，その存続の可能性が高まっているといえよう．デザイン思考は，社会の課題に耳を傾け，あらゆる経済主体との共感から始まる．

3．SECI モデルのデザイン性

　知識には形式知と暗黙知がある[8]．形式知とはコンピューターなどで処理が可能で，デジタルで伝達でき，データベースに蓄積できる知識である．それは，他者への伝達が比較的可能な知識である．具体的には，言語で表現でき，数値化できる知識が形式知である．一方で，個人の中に潜んでいて，他人に伝

達することが難しい知識がある．主観に基づく洞察，直感，経験，理想，価値観，情念，そして，企業の伝統意識や労働者の特殊技能などがこの知識の範疇に入る．これらをまとめて，暗黙知という．

暗黙知の1つ目は，技術的な側面におけるノウハウと表現される．はっきりと示すことが困難な技能や技巧は技術的ノウハウである．長年の経験を持つ熟練職人が，指先の感覚に頼って仕事をしている場合，その指先の感覚を他者に伝達することは難しい．しかし，それは知識として蓄積されている．暗黙知の2つ目は，認知的側面である．個人のメンタルモデル，想い，知覚など，個人の領域の外に出ることのない側面が暗黙知の第2側面である．個人が持っている「こうあるべき」という信念がさらに進化した規範的ビジョンが，周りの世界とどう接していくべきかを左右するのである．

主観的な暗黙知を体系的に処理し，伝達することは難しい．暗黙知を組織内部のメンバー間で伝達，共有するには，誰にでも分かるような言葉や数値に変換しなければならない．つまり，暗黙知の形式知化が必要になってくる．その変換過程において，組織の誰もが理解できる知識が形成される．個人の主観的な洞察や組織全体の伝統意識を大切にして，それらを形式知に変換することがソーシャルイノベーションとなる．

知識の変換がなぜ必要なのか．暗黙知を形式知に変換できなければ，組織メンバー間での議論，そして，知識の高度化ができないからである．究極的には，暗黙知を形式知に変換できなければ，個人の持っている技能的側面と認知的側面が組織の知として活かされなくなってしまう．技能と想いを組織の知として活かしていくことこそ，企業が永続していく力となる．主観を客観に転換し，知識を応用適用していく力が知識創造の重要な課題となっている．

ポラニー（Polanyi, M.）は，暗黙知について次のように述べている．暗黙知として知られるものの中には，予感，技能，道具などが含まれる．このような知はさらに拡張され，原初的な形態の知り方，つまり，感覚による外界での知覚までもが暗黙知に含められる．暗黙知の対象を知覚するときには，我々の身体がそれを担う．ゆえに，我々の身体は，身体の外部にあるいかなる物事を知

ることにも関与している．このように我々は，物事の諸細目を内部化する．こうして，その物事の意味がまとまりを持つ存在物という形で捉えられる．このように把握された，ひとかたまりの解釈が知識的に，または実践的にも形成される[9]．

　このように知識創造の原点は暗黙知である．人が感覚や知覚からシグナルを受けることから，知の創造は始まる．暗黙知から始まる知識創造をモデル化したのが SECI モデルである[10]．図2によれば，SECI の S は共同化・社会化（Socialization）を意味し，暗黙知と暗黙知の共有モードである．社会的な相互関係の形成によって得られる経験の共有が，共同化・社会化の基盤となる．自然環境の理解や他人との同一空間での接触を通じて，異質な暗黙知が個々に感知され，新たな暗黙知が創発される．本章で一番に注目しているのは，この共同化・社会化という段階である．企業内外の多様な人々が，多様な知識を持っている．企業外にある遊泳的な知識を取り入れ，内部化していくことも必要である．外部感知力の強さが，企業の力となっていく．そして，企業内部の暗黙知も企業の持続可能性に大きく貢献できるので，それを評価していくことも重要である．図2に記載されているように，多様な暗黙知への共感がその後の企業発展の入り口となる．つまり，SECI モデルは，現代企業の社会性を出発点

図2　知識創造の SECI モデル

（出所）　野中郁次郎・遠山亮子・平田透，2010年，29ページの図をもとに筆者作成

として展開されており，その社会性は共感という言葉で表現できる．共感は持続可能な経営にとってとても重要なキーワードとなっており，SECI モデルは永続という視点を取り入れた知識創造経営を明快に分析している．

　次の E は表出化（Externalization）を意味する．共同化の段階で集積された暗黙知は，モデル化など，何らかの表現手段を媒介にして，具体的な形となる．共同化の段階での知は，個人の心の中に限定されている知であるが，表出化段階の知は集団としての形式知となっている．C は連結化（Combination）を意味する．表出化の段階で形式知となった知識が，高度な形式知へ変換される．具体的には，製品仕様を定める上での製品設計の精緻化がこの段階にあり，抽象的であいまいなコンセプトを具体的な形態へ落とし込むことが次の段階への橋渡しとなる．最後の I は，内面化（Internalization）を意味している．共同化・社会化された知識が再度個人に取り込まれ，それがシグナルとなり，暗黙知が生まれる．そして，形式知が組織の知識であったのに対して，この段階の知識はバージョンアップした暗黙知として個人の再創発のための原点知となる．このように，感覚から生まれる暗黙知が知識創造のサイクルを経て，ソーシャルイノベーションを増強させる．

4．ソーシャルコミュニケーション

　本節では，インターナルコントロールの視点からソーシャルイノベーションのコミュニケーション機能をみていこう．

　企業の重要な財務情報及び非財務情報を統合した一体的な報告が統合報告である．財務情報とは本来的に企業の受託資本の変動事象に関わる財務報告上の情報（純粋な貨幣資本の投下・回収計算）を包含するのに対して，非財務情報は広く企業の持続的発展の活動実態を提供するのである[11]．より厳密には，財務報告による財務情報の開示責任が，会計責任をなすのに対し，企業の社会責任には，受託資本の変動に関係した会計責任の対象となる財務関連的社会責任（営業活動を通じて，社会に影響を与えた項目など）と，それ以外の財務非関連的な社会責任（例えば，SDGs に関わる項目など）が含まれる[12]．

　統合報告の時代において，企業経営に携わる者は，統合的マインドと統合経営の実践を兼ね備えなければならない．重要性のある財務情報と非財務情報を把握し，両者を関連付けて開示するためには，企業経営におけるインプット・価値創造プロセス・アウトプットという短期的で経済的な視点が必要である．それとともに，サスティナビリティを追求する，サスティナビリティ戦略・事業モデル・財務と非財務情報という長期的でソーシャルな視点が必要になってくる[13]．このような経済的な目標とソーシャルな目標の相互的なリンケージを強化するには，内部プロセスの改善を図るとともに，経営者から労働者までがより広い視点で企業の事業戦略と事業モデルの構築に配慮しなければならない．ゆえに，統合報告書を作成し，企業内でその内容を吟味することが，インターナルコントロールの主要な機能となっている．

　統合報告をしてきた先駆的企業として，デンマークの製薬企業であるノボ・ノルディスク社を挙げることができる．同社は，統合された情報を提供するためにトリプル・ボトムラインアプローチに基づいた持続可能な事業の実践と財務情報を厳格なアプローチを採用して結び付けている[14]．財務報告には，強い規制がかけられており，同社は国際財務報告基準（IFRS）に基づいて財務情報を作成している．一方，非財務情報報告は，強制ではなく，自主性に任された段階にあり，この報告の世界的な基準は確立されていない．そのため，初めて統合報告を行った2004年には，同社は，グローバル・レポーティング・イニシアティブ（GRI）のG3（サスティナビリティ・レポーティング・ガイドライン）に基づいて，非財務報告をしていた[15]．

　この統合報告の直接の読み手は，財務資本の提供者である．これは，通常，自己資本の提供者である投資家を意味する．統合報告の間接的な読み手は，従業員，顧客，サプライヤー，ビジネスパートナー，地域社会，立法者，政策立案者を含む組織の長期にわたる価値創造能力に関心を持つステークホルダーである[16]．これらの関係者に莫大な企業の財務情報と非財務情報の中から，統合報告として公表する項目を絞り込むことが企業には求められる．経営者を含めた経営陣が，ステークホルダーに報告すべきマテリアル〈重要事項〉は何かを

明確にしなくてはならない．それは自ずと，一定期間の企業戦略にとって何が重要であるかの最終的な決定となる．マテリアルは企業にとって重要なことと，社会にとって重要なことを意味しており，両方にとっての重要なことを企業として表明することがその社会的責務であるといえよう．

　経営者から労働者までが，財務情報を把握していくとともに，社会における存在価値を表明する非財務情報を把握することで，ソーシャルコミュニケーションが実現できる．この段階で組織と社会が状況を共有できるので，SECIモデルの内面化がこの段階に該当する．

　企業は内部的な管理をしていれば，それだけで保全機能が働いて，サスティナブルな経営が約束されるとはいえない．企業外環境に対する感知機能を持っていなければ，サスティナブルなマネジメントは実現できない．ここで，参考になる考え方が，グラノベッター（Granovetter, M. S.）による「弱いつながりの強さ」という考え方である[17]．この考え方は，特に緊密な関係にある経済主体の影響力はあまりなく，弱いつながりの関係の経済主体間の関係性は，蜘蛛の巣状に張り巡らされて，とても強力な社会的な影響力を持つという考察である．緊密な関係にある経済主体は，比較的閉鎖的で，固着性が強い．その一方で，弱いつながりの経済主体は，開放的で，多様性を受け入れる傾向にある．ゆえに，情報伝達の拡散度合いは圧倒的に後者の方が勝るのである．開放系のコミュニケーションはSDGsという地球規模の課題解決へのイノベーションに貢献することができる．

　例えば，日本政府が推進するSociety 5.0では，目指すべき社会像として「人間中心の超スマート社会」が掲げられている．今こそ人間を大事にする社会と経済の追求という目標のもと，文系にせよ理系にせよ，学問が社会に貢献しなくてはならない．こうした意味でも，人間を中心に据えたSociety 5.0は時宜に適った問いかけであり，文理系の両者が再び人間のあり方そのものを問い直す大きなチャンスと捉えることができる．他者から切り離され独立した人間存在としての“Human being”ではなく，お互いが関与して変革できる人間となる“Human becoming”という考え方がある[18]．さらには，人は独りでは人間

74

になれない．他者との関与を重ねることで，初めて人間になるのであり，ともに変わっていく方がより豊かな社会が実現する．したがって，我々はともに人間になっていく "Human Co-becoming" に注目しなくてはならない．"Human Co-becoming" とともに，"Well-being" という言葉が注目されている．これは誰もがより良く生きる．満足が続いていくことを意味している．持続可能な開発では，空間軸に良いと時間軸でも良いが続くというダブルの幸せを目標としなければならない．

　本書のテーマである SDGs の達成期限は 2030 年と間近に迫っている．多岐にわたる分野での課題を解決することは至難の業となる．我々の自由な生活のみならず，地球環境の限界が指摘される中，よりシステマティックにそしてスマートに危機管理していく上で，本章で述べたデザイン思考は，身近なソーシャルイノベーションに貢献できるといえるだろう．このように，ともに感知して生きていくという視点がSDGsの課題解決に必要となる．SDGsへの取り組みは，人々の価値観を具体的効用に変換させるソーシャルイノベーションである．ソーシャルイノベーションは，我々の社会の持続可能性を高めるだろう．その前提として，ソーシャルコミュニケーションを活用して，社会と多様な経済主体との対話が求められている．人は独りでは生きていけないので，"Human Co-becoming" という考え方でお互いに共感し合える社会構築がSDGsへの道筋となる．

1) 谷本，2006，4-5 ページ．
2) コミュニティビジネスネットワーク編，2009，47 ページ．
3) 町田，2004，96 ページ．
4) 日経デザイン編集部，10 ページ．
5) 佐宗，2020，134 ページ．
6) 同上書，128 ページ．
7) Smith, A., 1759, 邦訳，123-127 ページ．
8) 野中・竹内，1996，8-10，13 ページ．

9)　Polanyi, M., 1966, 邦訳, 51-52 ページ.
10)　野中・遠山・平田, 2010, 28-40 ページ.
11)　古賀責任編集・池田編, 2015, 9 ページ.
12)　同上書, 9 ページ.
13)　同上書, 21 ページ.
14)　Eccles, R. G & M. P. Krzus, 2015, 邦訳, 12 ページ.
15)　最新の GRI スタンダード改訂版は, 2021 年に発行されている.
16)　Eccles, R. G & M. P. Krzus, 2015, 前掲書, 116 ページ.
17)　Granovetter, M. S, 1973, pp. 1360-1380.
18)　日立東大ラボ, 2021, 245 ページ.

参 考 文 献

古賀智敏責任編集・池田公司編著『統合報告革命―ベスト・プラクティス企業の事例分析』, 税務経理協会, 2015 年.
コミュニティビジネスネットワーク編『コミュニティ・ビジネスのすべて―理論と実践マネジメント』, ぎょうせい, 2009 年.
佐宗邦威『デザイン思考の授業』, 日経ビジネス人文庫, 2020 年.
谷本寛治『ソーシャル・エンタープライズ―社会的企業の台頭』, 中央経済社, 2006 年.
日経デザイン編集部編『デザイン思考のつくり方』, 日経 BP 社, 2016 年.
野中郁次郎・竹内弘高『知識創造企業』, 東洋経済新報社, 1996 年.
野中郁次郎・遠山亮子・平田透『流れを経営する―持続的イノベーション企業の動態理論』, 東洋経済新報社, 2010 年.
日立東大ラボ『Society 5.0 人間中心の超スマート社会』, 日本経済新聞出版, 2021 年.
町田洋次『社会起業家―よい社会をつくる人たち』, PHP 新書, 2004 年.
Eccles, R. G & M. P. Krzus, *One Report: Integrated Reporting for a Sustainable Strategy*, John Wiley & Sons, 2015.（花堂靖仁監訳・ワンレポート日本語版委員会訳『ワンレポート―統合報告書が開く持続可能な社会と企業』, 東洋経済新報社, 2015 年.）
Granovetter, M. S., "The Strength of Weak Ties", *American Journal of Sociology,* Vol. 78, 1973.
Polanyi, M., *The Tacit Dimension,* Routledge & Kegan Paul, 1966.（佐藤敬三訳『暗黙知の次元―言語から非言語へ』紀伊國屋書店, 1990 年.）
Smith, A., *The Theory of Moral Sentiments,* Penguin Books, 1759.（村井章子・北川知子訳『道徳感情論』日経 BP 社, 2014 年.）

第5章　多国籍企業の市場戦略と文化政治
——SDGs における文化を出発点として——

瀬　口　毅　士

〈第5章のポイント〉

① 文化は，明確な境界を持つような均質的で不変的なものではなく，むしろ様々な主体の間で絶えず構築されたり再生産されたりするものである．

② 文化の構築過程では，言語を介した意味の生産と，その意味を固定化しようとする試みが重要であり，それらは文化政治という用語で表される．

③ 多国籍企業の市場戦略と文化の関係は，商品に対する言語を介した意味付け，およびその意味を読解する消費者への働きかけという2つの点から理解できる．

　本章の目的は，文化に内在する政治的次元に光を当てることによって，多国籍企業の市場戦略と文化の関係について考察することである．文化の政治性を論じるために，従来の経営学やマーケティング論でほとんど顧みられることのなかった，カルチュラル・スタディーズに注目する．

　まず，本書の共通テーマであるSDGs のターゲットに含まれる文化を検討し，そこに政治的過程が埋め込まれていることを確認する．次に，カルチュラ

ル・スタディーズから「文化的意味」,「構築主義」,「文化政治」,「権力」など
の重要な概念を引き出す. 最後に, それらの概念を用いながら, 言語を介した
意味の生産と, その意味を読解する消費者に対する働きかけの2つに大別して
多国籍企業の市場戦略について考える.

1. SDGs と文化

SDGs は 17 のゴールから構成されているが, 文化を中心に据えるものは見
当たらない[1]. ただし, 各ゴールの中に設定されている計 169 のターゲット中
には, 文化に関する4つの項目が含まれている. 以下に列挙してみよう[2].

2030 年までに, 持続可能な開発のための教育及び持続可能なライフス
タイル, 人権, 男女の平等, 平和及び非暴力的文化の推進, グローバル・
シチズンシップ, 文化多様性と文化の持続的な開発への貢献の理解の教育
を通して, 全ての学習者が, 持続可能な開発を促進するために必要な知識
及び技能を習得できるようにする. (4.7)

2030 年までに, 雇用創出, 地方の文化振興・産品販促につながる持続
可能な観光業を促進するための政策を立案し実施する. (8.9)

世界の文化遺産及び自然遺産の保護・保全の努力を強化する. (11.4)

雇用創出, 地方の文化振興・産品販促につながる持続可能な観光業に対
して持続可能な開発がもたらす影響を測定する手法を開発・導入する.
(12.b)

引用文の下線のように, それぞれのターゲットに含まれる文化に関するキー
ワードを抜粋してみると, 「文化多様性と文化の持続的な開発」, 「地方の文化
振興・産品販促」, 「世界の文化遺産の保護・保全」が挙げられる. 一見したと

ころ，これらの言葉には何も疑うべきところがなく，むしろ積極的に推進すべき内容であるように思えるかもしれない．ところが，「文化」について深く考えてみると，文化そのものが決して自明なものではないことに気付く．この点を理解するために，キーワードの中から世界文化遺産にまつわる事例を取り上げてみよう．

　2015年にドイツのボンで開催された第39回ユネスコ世界遺産委員会において，九州を中心に8つの県に点在する「明治日本の産業革命遺産　製鉄・製鋼，造船，石炭産業」が，世界遺産一覧表に記載されることが決定された．ただし，決定に至るまでには紆余曲折があった．2000年頃から鹿児島県で行われてきた取り組みを萌芽として，2006年の九州地方知事会で「九州近代化産業遺産の保存・活用」が政策連合の項目として採択され，同年に山口県萩市を含む6県8市で文化庁に対して世界遺産暫定一覧表記載の申請が行われた．一覧表への追加記載を逃したことを受けた2007年の文化庁への再提案では6県11市に，そして2011年には7県12市になり，最終的に8県11市になった．その過程で，岩手県釜石市や静岡県伊豆の国市が新たに加わった一方で，田川市，飯塚市，唐津市，下関市のように構成資産から除外された都市もあった．最初の申請から使用され続けてきた「九州・山口」という名称は，「九州・山口と関連地域」への変更を経て，世界遺産に登録される際には外されることになった[3]．また，長崎県が推薦する「長崎の教会群とキリスト教関連資産」の登録スケジュールと重なったため，2015年に審査される推薦枠を九州勢同士で奪い合う形になり，長崎県と他の九州の自治体との関係がこじれるという問題も起こった[4]．

　加えて，韓国が徴用工問題を理由として，軍艦島の通称で知られる端島（長崎県）を含めた7ヵ所の資産に対して登録の阻止に動いたことで，外交問題にまで発展したのである．資産の対象を1910年までに限定するため徴用工問題は当てはまらないとする日本側と，7ヵ所の資産が第二次大戦中の朝鮮人強制労働に関係しており，かつその一部に稼働資産が含まれることを主張する韓国側で見解の相違が生じた．韓国は，ユネスコ事務局長や世界遺産委員会国，さ

らには文化遺産を中立的に評価する NGO であるイコモスにまで働きかけたが
その成果は実らず，イコモスは申請されたすべての資産について登録を勧告し
た．勧告後，一時的に双方で歩み寄りがみられたものの，第 39 回ユネスコ世
界遺産委員会の場において，強制労働の有無とその表現をめぐって両国間で諍
いが生じた[5]．ちなみに，日本が現在登録を目指している佐渡金山でも，やは
り強制労働を理由に登録の撤回を主張する韓国との間で衝突が起きている．ま
た，世界遺産ではないものの類似する事例として，南京大虐殺関連資料のユネ
スコ「世界の記憶」の登録をめぐる日中間での対立が挙げられる．

　明治日本の産業革命遺産を取り上げた理由は，どの主張が正しいとか，どの
ように問題を解決すべきであるとかを論じるためではない．そうではなく，文
化の境界と意味付けに関する問題，すなわち文化に内在する政治的次元を浮き
彫りにするためである．この事例には，何が文化遺産に含まれるのか，どのよ
うな点が世界的な遺産に値するか，それをどのようなものとして後世に語り継
ぐかなど，文化の境界，真正性や正統性，意味付けといった次節以降の議論と
関連する要素が多く込められている．同様に，文化について語る以上，政治的
側面に触れざるを得ないことを如実に表している．

　世界文化遺産以外のキーワードにも，同じように文化の境界や意味付けに関
する質問を投げかけることが可能である．たとえば，「地方の文化振興」とい
う場合，地方の文化を代表するものは何か．何が地方の文化に選ばれ，その反
対に何が含まれないのか．それはどのような媒体を通じていかに表現されるの
か．また，「文化多様性と文化の持続的な開発」といった場合，文化多様性と
はどのような状態を意味するのか，文化の持続的な開発は，誰によってどのよ
うに行われるべきであろうか．

　このような様々な疑問を投げかけるのは，SDGs が掲げる持続可能な開発を
否定したいからではないし，その中で定められているゴールやターゲットに異
を唱えたいからでもない．あくまでも，普段我々が自然なものとして受け入れ
ている文化の，多面的で動態的な側面に光を当てようとしているのである．次
節では，文化の政治的次元を追究してきたカルチュラル・スタディーズ[6]の知

見を借りながら，「意味」と「権力」という観点から，文化について改めて考
えてみよう．

2．「文化」再考——意味作用と文化政治

(1)　意味と言語

そもそも文化とは何であろうか．複雑な歴史的発達を遂げてきた[7]「文化」
を定義付けるという課題は，それについて論じる者を悩ませ続けてきた．しか
しながら，特に多国籍企業研究では，「ある集団において共有される価値観や
行動パターン，またそれらを通じてつくり出される人工物」であると見なされ
ることが多いように思われる．この捉え方自体に異存があるわけではないが，
このような概念が持ち出される際，往々にして文化の固有性，伝統性，不変性
などの側面が強調されがちである．

それに対して，カルチュラル・スタディーズでは，「共有された意味」こそ
が文化の中心であると捉える．同じ文化に属しているということは，凡そ同じ
ように世界を理解したり解釈したりできるということであり，また相互に理解
可能なように表現することで他者と意思疎通することができるということであ
る[8]．その反対に，同じモノや出来事であっても異なる理解や解釈がなされ，
それゆえに意思疎通がうまくいかない場合は，各々が異なる文化に属している
と考えられる．したがって，事物をどのように意味付けるか，その意味をどの
ように読解し交換するかという，「意味の生産と循環」[9]のプロセスが重要にな
る．そうした文化的な意味は，我々の思考を枠付けたり，アイデンティティの
形成に関与したり，社会的争点を構築したりする．結果として，人々の行動に
影響を与え，社会的実践を組織し規制するため，現実的で実践的な効果を持つ
のである[10]．その反面で，社会的実践を通じて，新たな意味が与えられたり，
既存の意味が強化されたり変容されたりする可能性も生じる．

事物への意味付けにおいて重要な役割を果たすのが言語である．言語は，意
味の世界から独立した事物を中立的に指し示したり反映したりする媒介物では
なく，むしろ記号[11]としての機能を果たすことで，意味や知識を「構築」す

るものである．ただし，ここでいう言語は，例えば日本語や英語，中国語のような一般的な用法よりもずっと広いことに注意したい．「記号として機能し，意味を運んだり表現したりできるシステムのなかに他の記号とともに組織化される，あらゆる音や言葉，イメージ，物体」[12] は言語とみなされる．そのため，言葉として使用される音声や文字のみならず，視覚的イメージ，音楽，身体，衣服，信号なども，それらが意味を運び表現する限り，一種の言語であると考えられる．我々はそうした言語を用いることで様々な事象を有意味に理解でき，また他者とコミュニケーションを図ることができる．このことから，「文化的な意味は，事物の中からではなく，世界を有意味に構築する社会的言説と実践の帰結として湧き起こってくる」[13] といえる．

　言語を通じた意味の生産に関連して，「デノテーション」と「コノテーション」について付言しておきたい．デノテーションが字義通りの意味を示すのに対し，コノテーションは暗示的な，言外の意味を表す．例えば「赤」という言葉は，文字通りに読み取るならば，色のスペクトラムの中の特定の範囲（赤色であるとみなされる範囲）のことを指す．ところが，文脈によっては，情熱，血，危険，停止，祝福，辛さ，共産主義など様々な意味を表現しうる．こうしたコノテーションの機能によって，記号は多様な意味を帯びることが可能になる．特に，文化的意味について語る際には，デノテーションよりはむしろコノテーションの方が議論の的になりやすい．その理由は，次項で説明する「文化的コード」がより強く関与してくるからである．

(2)　多声性と読解，そして権力

ところで，デノテーションにしてもコノテーションにしても，その意味は永続的に固定されているわけではない．言葉の表現やその意味が国や時代によって様々であることからも容易に想像できるように，あくまでも一時的に固定されているに過ぎない．したがって，多声性（polysemy）という概念で知られている通り，記号は本来多くの潜在的意味を運ぶことができるため[14]，意味のあり方は多様な方向に開かれている．他方で，生産された意味が読み手によって

読解されて初めて「意味」をなしうる．このことから，意味がどのように生産されるかのみならず，生み出された意味がどのように読み取られるかという問題が浮上する．必ずしも読み手が意味の生産者の意図通りに読解するとは限らず，また読み手によって異なる解釈や意味が加えられる可能性があるため，やはり意味のあり方は多様であるといえるかもしれない．

　しかしながら，いかなる意味付けでも可能であるという，同様に読み手は何ものにも囚われず好きなように読解できるという帰結が導かれるわけではない．この点について考えるとき，スチュアート・ホールによって提唱された「エンコーディング」と「デコーディング」という概念[15] が有用である．ホールは，従来のメディア研究におけるコミュニケーション・モデルが，送信者と受信者の直接的な一対一の関係を前提としてきたことを批判する．その上で，メッセージが構成される契機（コード化）と，それが読まれ理解される契機（脱コード化）を含む一連のプロセスにおいて，どのように意味が生成されるかを論じた．

　ホールの議論の重要性は，しばしば誤解されてきたように，オーディエンスによる多様な解釈という点にあるのでもないし，メディアとオーディエンスの関係性を3つの立場（支配——ヘゲモニー的，交渉的，対抗的）に分類したところにあるのでもない．それは，メディアを言説の闘争が行われる場であると理解し，支配的な意味と従属的な意味との間の政治的闘争，すなわちメッセージの操作をめぐる闘争[16] を炙り出した点にある．意味の解釈は完全に開かれているわけではない．「読み」のために「文化的コード」が用いられるが，それゆえにその「コードによって支配された体系の範囲内」[17] でしか意味はつくり出されない．また，「読み」の可能性や他の「読み」との交渉関係は，「そのコミュニケーションが置かれた社会的・歴史的文脈と，エンコーディングの過程で付与された〈意図〉からの影響」から逃れられない．言い換えるならば，「メッセージに付与された〈意図〉やその支配的な〈読み〉との一切の交渉を持たない，独立した私的な読みは存在しない」[18] のである．さらに重要な点として，送信者と受信者のコード化・脱コード化の間のズレを，偶然性に支配さ

れるものではなく，「社会的／経済的／文化的勢力によって生産され決定づけられた構造的差異の現れ」であるという「イデオロギー的・政治的観点」[19] から説明したところにある．

　文化もまた，意味が生産され消費される場であると理解可能なため，同様の観点から解釈できる．カルチュラル・スタディーズにおいて文化は，特定の歴史的文脈や権力関係のもとでの政治的過程を通じて，動態的・重層的に構築されるものであると考えられている．つまり，文化は変わらない価値や伝統ではなく，「生産され消費される構築物」[20] であり，「常に諸々の歴史的な契機と権力関係のなかで構築され，再生産されてきたもの」[21] である．したがって，文化に対する見方として，「特定の集団の成員によって過去から現在に綿々と受け継がれる習慣や価値体系の総体ととらえ，その非歴史性や固定性を強調」する立場を「本質主義」，「文化や伝統，慣習がつねに取捨選択や駆け引きの対象となりながら，現在（の固有の社会的・政治的コンテクスト）において構築されたものであるとみなす」立場を「構築主義」と定義するならば[22]，カルチュラル・スタディーズは明らかに後者の立場をとる．ただし，気を付けなければならないのは，「社会的に構築される」というとき，それはブラックボックスの中で自然と出来上がるような，単純な相互作用であるとは考えないということである．あくまでも，様々な主体が自らの立場性（positionality）に基づきながら，各々の目的に沿って賭金を勝ち取るために，複数の手段を利用することによって優勢な意味を獲得するような，様々な意味が交錯しあう闘争の場であるとみなすことが重要なのである．

　カルチュラル・スタディーズが他の文化研究と異なるのは，文化が構築され再生産される過程の中に権力やイデオロギーを含む政治的過程，すなわち文化政治（cultural politics）を見出す点にある[23]．ここでいう政治とは，社会的諸関係のあらゆる水準に普及する権力を意味する．そして権力とは，他者を従属させるような強制力や制限力だけではなく，社会的行為や社会的諸関係を生み出したり可能にさせたりするものでもある[24]．ベイカーによれば，文化政治は「名付ける権力（power to name）」に関するものであり，世界を表象する能力

と，特定の記述を固定させる能力という２つの観点から理解できる[25]．

　ホールは，特定の方法で意味付ける権力を「イデオロギー的権力」[26]と呼ぶ．前項において，文化を意味付けや共有された意味という視点から論じたが，事物に対して特定の意味を付与し，そしてそれが疑いようのない「常識」として共有されること自体が，まさにイデオロギー[27]に他ならない．なぜならば，ある特定の意味が支配的になるのは，他の意味を排除し，他でもありうる可能性を閉じることでその意味を自然化するとともに，様々な「装置」を駆使しながら固定化し続けようとする試みがなされるからである．さらに，そのようにしてつくり出された意味を介して，我々は事物を特定の方法で分類し，枠付け，配列することで，そこに序列，優劣，前後関係，因果関係などを見出すようになるからである．

　以上のように文化を理解することによって，一見すると本質的に思える文化が，実は様々な主体の間で構築され再生産されてきたものであること．その過程において，多様な意味が生産されたり様々な「読み」がなされる可能性がありながらも，特定の意味が優勢になったこと．さらに，その意味が何らかの形で固定され自然なものとして受け取られるようになったこと．これら一連のプロセスを「脱構築」する可能性が開かれる．次節では，これまで展開してきた文化政治の概念に基づくことで，多国籍企業の市場戦略と文化の関係がどのようにみえてくるかについて検討する．

３．多国籍企業の市場戦略と文化

　多国籍企業の市場戦略については主に，国際マーケティング論の分野で研究が蓄積されてきた．そこで文化を扱う研究のほとんどは，ホフステッドの比較文化研究を参照し，その文化の定義やパラダイムから多大なる影響を受けてきた[28]．ナカタは，従来の国際マーケティング論で採用されてきた文化概念を検討し，① 文化に多様性やパラドックスが含まれることを考慮しない「首尾一貫性」や「統一性」，② 文化を静態的で非歴史的に捉える「不変性」，③ 社会的実践の役割を軽視し，文化を客観的に測定可能であるとする「認識論的理

解」，④ 国境による区分の重視，という4つの特徴を抽出した[29]．要するに，文化は国民国家を単位とする均質的なものであると理解され，かつ容易に変化しない静態的な性質を持つからこそ，指標に基づいた測定によって「客観的」数値として捕捉することができると措定されてきたのである．このような文化概念に従えば，多国籍企業にとって文化は外在的な与件となる．そのため，国境によって区分された各国の文化的特徴を精確に把握することが目指されるとともに，その結果に基づいて本国と進出先国の間に文化的な類似性が確認できるならば，共通のマーケティング戦略を採用できる（標準化戦略）が，その反対に相違性がみられるのであれば，現地文化への適応を図るべくマーケティング戦略を修正しなければならない（適応化戦略）という，二者択一的な方策が推奨される．

　しかしながら，我々はいまや，前節での検討を通じて，文化の固有性や均質性を強調するような本質主義的な捉え方とは異なる，文化の構築主義的な理解を手にしている．その中でも，文化政治という用語に含有されていた，言語を介した意味付け，および特定の文化的意味を優位にし固定化しようとする試みの2点に着目しながら，多国籍企業の市場戦略と文化の関係性について考えてみよう．

（1）　商品への意味付け

　1つ目は，言語を介した意味の生産（＝表象）という観念から導かれるものであり，文化それ自体が記号化され商品に付与されることによって，コノテーションとして機能する側面である．熾烈な企業間競争が繰り広げられる中で，企業は競合他社との差別化を行うことがますます難しくなっている．差別化が困難になればなるほど，消費者の選択基準において価格の占める比重が大きくなるため，不毛な価格競争を強いられる可能性が高くなる．そのため，近年の競争戦略論やマーケティング論，ブランド論などでは，競合他社との差別化を可能にするとともに，商品の付加価値を高める要素として，模倣やキャッチアップがしづらい「意味的次元」に注目が集まっている[30]．

　グローバルなレベルで競争を展開している多国籍企業にとっても，競争相手と差別化でき，かつ自社の商品を魅力的にできるような意味的次元は重要であるに違いない．実際に，多国籍企業の複数国に進出しているという事実から連想されるグローバル性や，本社が位置する国や地域の文化的イメージが積極的に活用されてきた．ドゥ・ゲイらは，カルチュラル・スタディーズの立場からソニーのウォークマンを分析する中で，コンパクトさ，シンプリシティ，繊細なディテーリングといった要素が，「『伝統的』な日本式デザイン美学を今日的に具体化したものとして表象された」[31] ことに触れている．ただし，彼らの問題関心が，企業の戦略を明らかにするというよりはむしろ，文化のありようを問うことにあった[32] ことから，その分析視角や手法を多国籍企業研究に直接適用することは困難であるかもしれない．よって，多国籍企業の市場戦略を分析する際には，彼らとは異なる観点が必要になりそうである．具体的には，社会的・歴史的文脈を踏まえながら，いかなる競争環境のもとで，どのような競争優位を構築するために，どの文化的背景が選択されたのか．そして，その背景からどのような要素群が選抜され，それらがいかに組み合わせられながら文化的意味が構築されたのか，さらには，その意味が競争においてどのように優位性として機能したのか，といった視点からの分析が考えられる．

　例えばトヨタは，同社の高級ブランドであるレクサスを日本で展開するにあたり，高級車の代名詞的存在ともいえるドイツ車との差別化を図るために，彼らにはない特徴をつくるべく日本文化に着目した．そして，日本文化を背景とする① 日本的な様式美，②「職人」や「匠の技」などの言葉で表現される日本のモノづくり，③「先見性」や「対極」を重視する日本的精神，④「おもてなし」の心といった要素を選抜し，それらを巧みに組み合わせながら[33]，とりわけレクサスシリーズの中でも高価格帯に位置する車種に付与する戦略を採った[34]．

　以上の考察から，企業間の競争も意味付けをめぐる闘争であると読み替えることができるだろう．すなわち，市場を舞台として競合する企業同士が意味的次元で何を争点とするか，その上で各々の企業が選択した文化的背景から自社

の目的に適う意味を構築しつつ，競争の中でいかに優勢な意味を勝ち取ることができるのかということである．そこでは，新たな意味が構築されたり，既存の意味が変容させられたりする可能性がある．ただし，繰り返し述べてきたように，意味の生産はそれを読解する読み手を必要とする．したがって，読み手が何に基づいてどのように解釈するのかを分析しなければ，どのような意味が生産されるのかを理解することができない．そこで，次項で述べるもう１つの側面が重要になってくる．

(2) 意味のイデオロギー化

2つ目の側面は，受容者による意味の読解と関連している．生産された意味は読み取られて初めて「意味」をなすため，意味の生産と消費は不可分の関係にある[35]．多国籍企業の市場戦略に引きつけて考えてみると，商品に付与された意味が，それを購入する消費者にとってどのように読み取られたり解釈されたりするのかということが問題になる．しかしそのような読解は，前節で論じたように，消費者が自由に行えるわけではなく，社会的・歴史的文脈を土台として，企業をはじめとする様々な主体と相互作用する中で行われる．多国籍企業は，セグメンテーションに基づいてターゲットとする顧客を定め，彼ら／彼女らと文化的意味を共有したり，読解に必要な文化的コードを提供したり，文化的意味を解釈するための「知識」を構成するよう働きかけたりする．そうすることで，自らが付与した意味を優勢にし，それが自然視されるようになること，すなわち一種のイデオロギーになることを企図する．

そのための主要な手段が，広告・宣伝活動である．企業による広告や宣伝は，単に製品やサービスに関する情報を発信する道具としてだけではなく，前項でみたような商品に対する意味付けのための媒体であるとともに，消費者の文化を形成する役割を果たすものでもあると理解すべきであろう．ただし，そのような意味作用に関する動態的で政治的な活動は，企業が発信するメッセージがどの程度「効果」を持つか，あるいはそのようなメッセージが消費者個人の頭の中でどのように「情報処理」されるかなどの，歴史や文化を捨象した観

点や分析手法からは十分に理解できないのではないだろうか．したがって，現代の消費者研究で主流の立場にあるそのような研究とは異なる領域の成果が必要になるかもしれない．1つの可能性として，近年注目を集めている消費文化理論（Consumer Culture Theory）が挙げられる．消費文化理論は，「消費者の行為，市場，文化的意味の間の動態的な関係を取り扱う」[36] 理論群であり，消費の歴史社会的な側面や消費者のアイデンティティ形成を含めた，市場イデオロギーに対する消費者の解釈戦略[37] を中心的に扱うため，意味の消費を解き明かす上で有用であるように思われる．

　また，文化政治という概念を導入することにより，企業自身による広告・宣伝だけでなく，多種多様な「文化装置」[38] の活用も分析の射程に入ってくる．例えばハーレーダビッドソンでは，アメリカの二輪車市場でシェアを拡大していた日本企業にはない独自の意味を構築する過程で，ニュースや新聞，雑誌，映画などのアメリカの文化産業が多大な役割を果たした[39]．

　多国籍企業の市場戦略との関連において，文化的意味の形成や消費者の読解に影響を与えるという点では，国家の役割も見逃すことができない．特に近年，日本におけるクールジャパン戦略に代表されるように，各国で国家を主体とした文化発信が盛んになっている．それはかつてのようなナショナル・アイデンティティの発揚というよりはむしろ，国家が自らを1つのグローバル商品であると認識し，国益を増進させる狙いを含んだ国家戦略として進展している．この中で文化は，経済的利益に寄与する形で再定義され，多国籍企業を巻き込みながら国境を越えて伝播されるようになっている[40]．

　以上のように考えてみると，市場自体が単なる経済的な交換の場としてではなく，競合他社や消費者，文化産業，国家政策などの多様な主体・機関・制度を巻き込みながら，様々な意味が交錯する折衝・闘争の場であると理解することができる．そこで行われているのは，広告・宣伝活動や文化装置を通じた消費者に対する説得や「誘惑」，またそのような働きかけに対する消費者からの思いがけない反応や抵抗，さらにはそうした反応を受けた次なる戦略の立案といった，不断のプロセスなのである．

1) 例えば関根久雄は，SDGs に関連する議論において，経済・社会・環境について言及される一方で，その基盤であるとみなされうる文化にはほとんど触れられてこなかったことを指摘している（関根他，2021，20 ページ）．また，蟹江憲史も，SDGs の目標に含まれなかった重要な社会的側面として文化を取り上げ（蟹江，2020，29 ページ），将来的にポスト SDGs に向けて強化する余地があるとすれば文化ではないかと主張している（同書，101 ページ）．

2) 引用文の訳出にあたっては，現在最も参照されていると思われる，外務省の仮訳（https://www.mofa.go.jp/mofaj/gaiko/oda/sdgs/pdf/000101402_2.pdf）に従った．また，引用文の最後にある括弧内の数字や記号は，該当するターゲットを表している．なお，引用文中の下線は筆者による．

3) 「明治日本の産業遺産革命遺産」協議会 HP．（http://www.japansmeijiindustrialrevolution.com/history/）

4) 中村，2019，116-117 ページ．

5) 同上書，119-129 ページ．

6) カルチュラル・スタディーズ（Cultural Studies）は，スタディー「ズ」と複数形で表現されるように，何らかの統一的な見解や理論体系があるわけではない．本章では，イギリスのバーミンガムを中心に発展した，いわゆるブリティッシュ・カルチュラル・スタディーズに関する文献を参照しながら，第 3 節以降の議論に関わると思われる点に限定して要点を整理した．

7) Williams，1976，邦訳，83-89 ページ，および西川長夫，2001 年，第Ⅳ部，を参照．

8) Hall, 2013, pp. xviii-xi.

9) Du Gay et al., 1997，邦訳，22 ページ．

10) Hall, *op. cit.*, p. xix.

11) カルチュラル・スタディーズの記号に対する理解は，ソシュールやバルトの理論に大きく負っている．本章においても，シニフィアンとシニフィエの対応関係や文化コードによる一時的な固定といった考え方を踏襲している．ちなみに，ベイカーは，「記号」について，概念の代理となったり表象したりするものであり，他の記号との関係を通じて意味を生成したり伝達したりするマークや音であると定義している．同様に，「記号システム」を記号の総体，「意味付与実践（sygnifying practice）」を記号の秩序付けを通じて意味を生み出す諸活動，「意味作用（signification）」を記号が意味を生み出すプロセスであると端的に説明している（Baker, 2004, p. 183）．

12) Hall, *op. cit.*, p. 5.

13) Du Gay et al.，前掲訳書，26 ページ．

14) Baker, *op. cit.*, p. 146.

15）　Hall, 1980.

16）　Turner, 1996, 邦訳, 121 ページ.

17）　同上訳書, 118 ページ.

18）　山口, 2021, 62 ページ.

19）　Turner, 前掲訳書, 122 ページ.

20）　佐藤・吉見, 2007, 13 ページ.

21）　同上書, 16-17 ページ.

22）　中谷, 2001, 114 ページ.

23）　吉見, 2000, 2 ページ.

24）　Baker, *op. cit.*, p. 146.

25）　*ibid.*, p. 41.

26）　Hall, 1986, p. 69.

27）　ここでいうイデオロギーとは,「現実性のない空疎な観念」とも「ある種の行動パターンの産物」とも見なさない,「第三の方法」としての「ディスクール的現象もしくは記号的現象」を意味している. このディスクール的もしくは記号的なイデオロギーの理解は,「イデオロギーの物質性……を強調するとともに, イデオロギーが本質的に意味作用に関わる点を温存する」点で優れていると考える（Eagleton, 1991, 邦訳, 403 ページ）.

28）　Nakata and Izberk-Bilgin, 2009.

29）　Nakata, 2003.

30）　たとえば, 延岡, 2011, 上原, 2015, 内田 2016, Holt, 2020 が挙げられる.

31）　Du Gay et al., 前掲訳書, 109 ページ.

32）　したがって, ドゥ・ゲイらの研究では, 企業の戦略だけを対象としておらず,「文化の回路」という概念に基づき, 表象, アイデンティティ, 生産, 消費, 規制という一連のプロセスの中でウォークマンを分析しようと試みている. 詳しくは, 同上訳書を参照.

33）　瀬口, 2012b.

34）　Seguchi, 2017.

35）　Du Gay et al., 前掲訳書, 128-130 ページ.

36）　Arnould and Thompson, 2005, p. 868.

37）　*ibid.*

38）　石田は, 社会学者の C. W. ミルズによる文化装置の概念を基に,「私たちが社会的な経験を意味付け, それをそれとして受け取るための媒介として働くもの（メディア）」であると定義する. さらに,「私たちの感覚や意味, 意識の生産と再生産を行うメディア」でもあるとして, 代表例として学校, 劇場, 新聞, 映画, 図書館, 雑誌, ラジオ局を挙げている（石田, 1998, 5-6 ページ）.

39) 瀬口，2012a.
40) 岩渕，2007，18-24 ページ.

参 考 文 献

石田佐恵子『有名性という文化装置』，勁草書房，1998 年.

岩渕功一『文化の対話力―ソフト・パワーとブランド・ナショナリズムを越えて―』，
　日本経済新聞社出版，2007 年.

上原聡『文化視点のマーケティング論』，同友館，2015 年.

内田和成『物語戦略』，日経 BP 社，2016 年.

蟹江憲史『SDGs（持続可能な開発目標）』，中公新書，2020 年.

久保庭慧「持続可能な開発，持続可能な開発目標（SDGs）と文化―国際法の視点か
　らの考察―」，『中央大学社会科学研究所年報』，第 25 号，223-241 ページ.

佐藤健二・吉見俊哉『文化の社会学』，有斐閣，2007 年.

関根久雄編著『持続可能な開発における〈文化〉の居場所―「誰一人取り残さない」
　開発への応答』，春風社，2021 年.

瀬口毅士「ハーレーダビッドソン社の市場戦略と文化の関係」，林正樹編著『現代企
　業の社会性―理論と実態―』，中央大学出版部，2012a 年，221-257 ページ.

瀬口毅士「レクサスの市場戦略と『文化的要素』の活用」，徳重昌志・日髙克平編著
　『岐路にたつ日本経済・日本企業』，中央大学出版部，2012b 年，177-201 ページ.

中谷文美「〈文化〉？〈女〉？―民族誌をめぐる本質主義と構築主義」，上野千鶴子編
　著『構築主義とは何か』，勁草書房，2001 年，109-137 ページ.

中村俊介『世界遺産―理想と現実のはざまで』，岩波新書，2019 年.

西川長夫『［増補］国境の越え方　国民国家論序説』，平凡社，2001 年.

延岡健太郎『価値づくり経営の論理』，日本経済新聞社，2011 年.

山口誠「メディア（オーディエンス）」，吉見俊哉編『知の教科書　カルチュラル・ス
　タディーズ』，講談社，2001 年，52-92 ページ.

吉見俊哉『カルチュラル・スタディーズ』，岩波書店，2000 年.

Arnould, E. J. and C. J. Thompson, "Consumer Culture Theory (CCT): Twenty Years of
　Research," *Journal of Consumer Research*, 31 (4), 2005, pp. 868-882.

Baker, C., *The Sage Dictionary of Cultural Studies*, London, Sage, 2004.

Baker, C. and E. A. Jane, *Cultural Studies: Theory and Practice*, 5th ed., London, Sage,
　2016.

Du Gay, P., S. Hall, L. Janes, H. Mackay, and K. Negus, *Doing Cultural Studies: The story
　of the Sony Walkman*, Milton Keynes, Open University, 1997.（暮沢剛巳訳『実践カル
　チュラル・スタディーズ―ソニー・ウォークマンの戦略』，大修館書店，2000 年）

Eagleton, T., *Ideology: An Introduction*, London, Verso, 1991.（大橋洋一訳『イデオロ

ギーとは何か』，平凡社，1999 年)

Hall, S., "Encoding/decoding," in *Culture, Media, Language*, eds. S. Hall et al., New York, Routledge, 1980, pp. 128-138.

Hall, S., "The rediscovery of 'ideology': return of the repressed in media studies," in *Culture, Society and the Media*, eds. M. Gurevitch et al., New York, Routledge, 1986, pp. 56-90.

Hall, S., J. Evans, and S. Nixon, *Representation*, 2nd ed., London, Sage, 2013.

Hofstede, G., *Culture's Consequences*, Beverly Hills, Sage, 1980. (萬成博・安藤文四郎監訳『経営文化の国際比較—多国籍企業の中の国民性』，産業能率大学出版部，1984 年)

Hofstede, G., *Cultures and Organizations*, London, McGraw-Hill International, 1991. (岩井紀子・岩井八郎訳『多文化世界　違いを学び共存への道を探る』，有斐閣，1995 年)

Holt, D., "Cultural Innovation," *Harvard Business Review*, 98 (5), 2020, pp. 106-115. (東方雅美訳「カルチュラル・イノベーション：機能ではなく物語で価値を提供する」，『ダイヤモンド・ハーバード・ビジネス』，2021 年 4 月号，34-47 ページ)

Nakata, C. C., "Culture theory in international marketing: an ontological and epistemological examination," in *Handbook of Research in International Marketing*, ed. S. C. Jain, Cheltenham, Edward Elgar, 2003, pp. 209-227.

Nakata, C. C. and E. Izberk-Bilgin, "Culture theories in global marketing: a literature-based assessment," in ed. C. C. Nakata, *Beyond Hofstede*, New York, Palgrave Macmillan, 2009, pp. 61-77.

Seguchi, T., "How Lexus has utilized culture in the Japanese market: content and discourse analysis of its brochures," in ed. Hidaka, K., *Industrial Renaissance: New Business Ideas for the Japanese Company*, Tokyo, Chuo University Press, 2017, pp. 159-185.

Turner, G., *British Cultural Studies: An Introduction*, 2nd ed., London, Routledge, 1996. (溝上由紀ほか訳『カルチュラル・スタディーズ入門　理論と英国での発展』，作品社，1999 年)

Williams, R., *Keywords: A Vocabulary of Culture and Society*, London, Harper Collins, 1976. (椎名美智ほか訳『完訳　キーワード辞典』，平凡社，2002 年)

第6章　国際的な経営環境の変化からみる SDGs と日本企業

根 岸　可 奈 子

〈第6章のポイント〉

① 企業を取り囲む国際的な枠組みは，株主の多様化や ESG 投資
の拡大，ガバナンス・コードの改訂といった形で企業に具体的
な改善を求めている．

② ESG 投資の拡大やコーポレートガバナンス・コードの改訂か
ら，管理職の多様性や気候変動に関する活動とその情報公開が
不可欠になった．

③ SDGs に関する企業の情報公開には進展がみられる部分もある
が，SDGs が持つ曖昧さや比較可能性の低さなどから課題も
残っている．

　本章では，まず国連を中心としたサステナビリティに関する動向を概観し，
企業を取り巻く国際的な枠組みが形成されていることを確認する．次に，ESG
投資の拡大と国内のコーポレートガバナンス・コード改訂を踏まえ，意思決定
段階における社会的責任の重要性と課題を示す．続いて，SDGs に関する情報
公開，特に優先目標などについて国際比較を行うことにより，日本企業の特徴
を抽出する．そこで課題の1つとなる目標5について，女性管理職・部長・役

員比率を取り上げる．こうした検討を通じ，日本企業における SDGs の現状や課題の一端を明らかにする．

　グローバリゼーションにより巨大化した多国籍企業の中には様々な問題を引き起こすものもある．同時に，国際社会が抱える課題について影響力が大きく，解決策を有しているのも多国籍企業である．SDGs は万能ではないが，世界的に取り組むべき課題として今や共通認識となっている．これを企業内にどう落とし込むのかは，企業の将来性と不可分である．

1．企業を取り巻く国際的な枠組み

　新型コロナウィルス感染症の影響により，SDGs の達成が危ぶまれている．国連は，この感染症が世界経済を不安定にし，世界中の何十億もの人々の生活を根底から覆し，根深い不平等や持続可能な開発のための 2030 アジェンダと気候変動に関するパリ協定の失敗を露呈させたとしている．しかし，同時に，通常の政策や社会規範が崩壊したこの危機の瞬間を活用し大胆な手段を講じることで，世界を SDGs の達成に向けた軌道へ戻せるとしている[1]．

　コロナウィルス感染症の影響で 2020 年の開催が延期された COP（Conference of the Parties：国連気候変動枠組み条約締結国会議）は 2021，2022 年に未だ感染が収まらない中開催された．2022 年 COP27 では初めて国連の枠組みの中で各国が協調し気候変動に対する被害に支援を行う基金を創設することが合意された[2]．これに先駆け，例えば開催国であるエジプト政府は国家気候変動戦略（National Climate Change Strategy 2050, NCCS）を導入した．SDGs に沿った 5 つの目標，① 持続的かつ低炭素な経済成長の実現，② 気候変動への適応力と耐性の強化，③ 気候変動に対応する政策の整備，④ 気候変動対応ファイナンスの拡充，⑤ 気候変動関連の調査や技術移転の拡充が挙げられ，今後 5 年間の政府の行動計画が示されている[3]．

　環境だけではない．人権については国連で 1948 年人権宣言，1966 年国際人権規約が採択された．これ自体も画期的なものであったが，その後グローバリゼーションを追い風に世界に幅広くサプライチェーンを展開してきた多国籍企

業が問題を発生させるようになると，1998 年「労働における基本的原則及び権利に関する ILO 宣言」の採択や 2020 年「国連グローバル・コンパクト」（United Nations Global Compact：以下 GC と略称する）など，企業に焦点をあてた基本的な権利に関する国際的な基準やガイドラインなどが定められるようになってきた．国連以外にも 2010 年には ISO26000：社会的責任に関する手引，2011 年 OECD 多国籍企業行動指針が提示されるなど，国際的に多国籍企業をめぐる人権問題について警鐘が鳴らされ，枠組みが形成されてきた[4]．

　2011 年には「国連ビジネスと人権に関する指導原則」が承認された．2015 年には SDGs を中核とした「持続可能な開発のための 2030 アジェンダ」が採択され，この指導原則がその中で言及されている．この原則は，国家の義務に関する 10 原則，企業の責任に関する 14 原則，そして救済へのアクセスについての 7 原則から構成されており，日本も 2020 年に「ビジネスと人権」に関する行動計画を策定している[5]．

　こうした国際的な枠組みに基づいた課題への取り組みについては，多様なステイクホルダー間の協働が重視されている．SDGs の目標 17 では問題解決に向けたグローバル・パートナーシップの活性化が謳われている．また，COP27 には，政府，企業，NGO などを代表する 3 万人以上が参加登録を行った．正式に交渉には参加できないが透明性の維持を目的とし，オブザーバーとして国連機関や政府組織，NGO，宗教グループ，報道機関が参加している[6]．しかし，現在企業は雇用，資本フローの大部分を占め，Global GDP の 75％は民間部門が占めている[7]．その観点からだけでも企業は SDGs の達成を左右する重要な存在であるといえる．特に多国籍企業は，これまで児童労働や強制労働，環境破壊，汚職など様々な問題が指摘され，ステイクホルダーから問題解決に向け相応の責任を果たすよう求められてきた．

2．コーポレートガバナンスにおける課題

　コーポレートガバナンスにおいて株主の重要性は依然として高いものの，経営者は意思決定の中で多様化したステイクホルダーからの期待に応え，社会に

対する責任や役割を果たすよう求められるようになってきた[8]. 今や社会的責任は経営者だけに課せられた役割ではなく, 取締役会もまた社会性の視点をもって経営者を監督・統制する必要がある[9].

　国内における株主構成は変化してきた. 1990 年において最も保有比率が高かったのは都銀・地銀など, 生・損保, その他金融部門であり, 事業法人, 個人・その他, 信託銀行, 外国法人などと続いている. しかし, 2020 年になると, 最も比率が高いのは外国法人などであり, 信託銀行, 事業法人など, 個人・その他, 都銀・地銀など, 生・損保, その他金融部門が最下位となっている[10]. 株主が変化すれば, 企業の意思決定に求めるものも変化する.

　経済的利益だけを求めるものではなく, 社会性を求める投資形態が存在感を増している. サステナブル投資とは, ポートフォリオの選択や運用において, 環境 (environment), 社会 (social), ガバナンス (governance) の要素を考慮する投資手法のことであり, 日本では ESG 投資という言葉が一般的に使われることが多い. その額は先進国を中心に増加している. 2016 年には約 22 兆 8,390 億, 2018 年は 30 兆 6,830 億ドルと拡大傾向にあり 2020 年には世界で約 35 兆 3,010 億ドルに達している (表 1). ESG 投資が運用資産総額に占める割合は, 特に日本, オーストラリア, カナダで高まっている (図 1). 株主からも単なる

表 1　世界のサステナブル投資額の推移 (USD billions)

	2016 年	2018 年	2020 年
ヨーロッパ	12,040	14,075	12,017
アメリカ合衆国	8,723	11,995	17,081
カナダ	1,086	1,699	2,423
オーストラリア	516	734	906
日本	474	2,180	2,874
合計	22,839	30,683	35,301

（出所）Global sustainable investment alliance, Global sustainable investment review 2020 より筆者作成 http://www.gsi-alliance.org/ よりダウンロード可 (2022 年 11 月 13 日現在)

図 1　ESG 投資が運用資産総額に占める割合

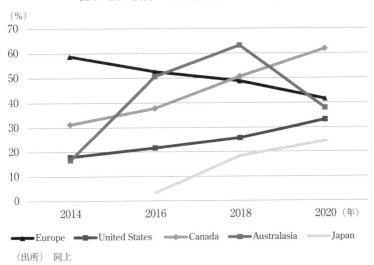

(出所)　同上

経済性だけではなく社会や環境面からも要請が強まり，評価されるようになっ
てきた.

　ESG 投資が拡大した背景として，2006 年に提唱された国連責任投資原則
(Principles for Responsible Investment, PRI) が挙げられる. PRI とは，ESG の課題
を投資に組み込むための 6 つの原則である. この原則に賛同する投資機関は署
名をし，遵守状況を開示・報告するものであり，2022 年 11 月現在 5,245 の機
関が署名している. 日本では 2015 年に年金積立金管理運用独立行政法人
(GPIF) が署名しており，2020 年 11 月現在 119 の機関が署名している[11].

6 つの原則
　1．投資分析と意思決定のプロセスに ESG の視点を組み入れる
　2．株式の所有方針と所有監修に ESG の視点を組み入れる
　3．投資対象に対し，ESG に関する情報開示を求める
　4．資産運用業界において本原則が広まるよう，働きかけを行う
　5．本原則の実施効果を高めるために協働する
　6．本原則に関する活動状況や進捗状況を報告する[12]

　さらに，国内では 2021 年にコーポレートガバナンス・コードが改訂された．改訂のポイントとして，取締役会における監査役の独立性，中核人材の多様性，サステナビリティをめぐる取り組みとその情報公開が挙げられる．人材については「上場企業は女性・外国人・中途採用者の管理職への登用等，中核人材の登用等における多様性の確保についての考え方と自主的かつ測定可能な目標を示すと共に，その状況を開示すべきである」という補充原則が示されている．これを実施する上で「中長期的な企業価値の向上に向けた人材戦略の重要性に鑑み，多様性の確保に向けた人材育成方針と社内環境整備方針をその実施状況と併せて開示すべきである」[13] というように，人材の多様性とその整備方針に関する情報公開を求めている．これは SDGs でいうところの目標 5 や 8，13 に該当している．また，取締役会の役割・責務として，「取締役会は中長期的な企業価値の向上の観点から，自社のサステナビリティを巡る取組みについて基本的な方針を策定すべきである」としている．その方針のもと実施された活動に関する情報開示については，特にプライム市場上場企業の気候変動を対象に「必要なデータの収集と分析を行い，国際的に確立された開示の枠組みである TCFD またはそれと同等の枠組みに基づく開示の質と量の充実を進めるべきである」としている[14]．今回の改訂においては，このようにプライム市場上場企業を対象とした部分も多い．世界的に影響力の大きいグローバルな活動を想定した大企業の責任が特に問われている．

　こうした変化の中，経営者側はサステナビリティに関する意思決定において何が課題であると考えているのだろうか．サステナビリティに関する取り組みの重要性を認識する一方で，経済的なインセンティブが改善されない限り，サステナビリティに関連する事業は停滞するであろうと指摘する CEO も多い．GC とアクセンチュアの調査によると，55％が，「極端なコスト意識のもとで事業を運営する圧力と，サステナビリティの中核となる長期的な戦略目標への投資という，重要なトレードオフに直面している」と回答している．さらに，28％がサステナビリティに関する活動の障壁として「需要の不足」を挙げている[15]．

　サステナビリティに関する事業活動から必ず収益が上げられるわけではない．むしろ，今のところ部分的であり，事業内容やビジネス・モデルの改善は長い時間を要する．例えば，多くの環境に関わる改善はエネルギーの効率的な利用や新製品開発につながりやすく，コストの低減や新たな収益に結び付きやすいが，途上国の下請け企業の労働条件の改善はコストの押し上げとなり新市場の創出につながることは稀である[16]．

　SDGs は 2030 年までに達成を目指す目標として 2015 年に採択された．しかし，企業の業績評価は 15 年単位ではない．2021 年 8 月取締役会においてユーグレナ社は，定款で定める事業目的を，SDGs17 目標を反映した内容に全面刷新するということを株主総会で承認された[17]．同社社長の出雲氏は SDGs と金もうけは絶対に両立しないとした上で，「金もうけのためではなく，サステナビリティーのため未来の人と地球を健康にするために存在する全く新しい形の株式会社になると宣言し，株主に認められた」と述べている[18]．株主が企業のこのような提案を受け入れたりすることは，サステナビリティに関する事業の継続性，発展性につながる．ESG 投資の拡大する中，SDGs に取り組むためにはますます株主との関係や対話が重要となる．

　こうした取り組みの継続性の確保という点においては，その取り組みを評価する市場や消費者の存在もまた不可欠である．環境技術であれば，その技術を活用した事業を市場が評価するかどうかが，その事業の継続性や発展性に大きく影響する．環境技術の世界市場は 2021 から 2027 年にかけて 4.60％以上の成長が見込まれているものの，高い初期費用が成長の妨げになる可能性が指摘されている[19]．エシカル市場もまた拡大傾向にはあるものの，同様の製品を扱う市場と比較すると未だ大きくはない．例えば，フェアトレード・チョコレートの市場規模は 2021 年に前年度比 120％の 158 億円と拡大しているが[20]，チョコレート産業の市場規模は 5,520 億円である[21]．

　さらに，企業がサステナビリティに関する事業を促進するにあたり，政府が担う役割もまた欠かせない．消費者庁はエシカル市場の拡大に向けた施策として，企業と消費者間のコミュニケーションだけではなく，それを促進・推進体

制の整備や消費者・消費者団体など国民全体による幅広い議論の喚起，学校教育を通じた消費者意識の向上などを挙げている[22]．前出アンケート調査においても，42%の CEO が政治的な不確実性が持続可能性の取り組みを減少または停滞させていると回答しているなど政府にしかできない役割もある．

3．SDGs に関する情報公開

　サステナビリティに関する取り組みが要請される中，企業は実施した活動について情報を公開していく必要がある．コーポレートガバナンス・コードでは，直接 SDGs に関する情報を求めるような改訂はされていないものの中長期的な企業価値の向上に向け，サステナビリティが重要な経営課題であるという意識が高まっているという考え方を示し，その背景として SDGs を取り上げている[23]．

　また，SDGs12.6 には「大企業や多国籍企業をはじめとする企業に対し，持続可能な慣行を導入し，定期報告に持続可能性に関する情報を盛り込むよう奨励する」とある．つまり，特にその活動による影響が大きい上記企業に対しては，単に「実施した」というだけではなくその情報公開が要請されている．現在，サステナビリティ報告書や統合報告書が SDGs に関する代表的な情報公開ツールの１つとなっているが，財務情報と非財務情報をまとめた統合報告書を発行する企業の割合が高くなっている．東証一部上場企業の場合，2021 年の段階で 91%にあたる 650 社が発行している[24]．

　ESG 投資が拡大する中，企業の SDGs 達成度に関する情報開示は重要である．しかし，自社すべての SDGs に関する取り組みについて測定可能な数値で報告するのは難しい．SDGs 自体が「SDGs の 231 の指標のうち，72 の指標は国によって定期的に編集されておらず，別の 62 指標には，データ収集のための方法論や基準さえ欠けている」[25]など，多分に曖昧さを含んでいるため，企業の対応も容易ではない．その曖昧さを悪用した「SDGs ウォッシュ」の問題も発生している[26]．結果，SDGs を事業へ適用するにも，国内外の企業ともに事業を変革させるのではなく，現状のビジネス・モデルに合う SDGs 項目を選

択する傾向がある[27]．さらに，この情報を判別するステイクホルダーは比較可能性の低さに困難を抱えることとなる[28]．

　そもそもSDGsは企業の情報公開のツールとして作成されてはいない．国連も17目標の中で，どの目標を優先すべきであると提唱しているわけではない．そのため，「SDGs情報の開示内容は，情報開示に関する何等かの規制がない限り，企業が周囲の反応を見ながら目的に合わせて自由に取捨選択する」という状況に陥り，「特に非専門家にとってはSDGs情報の正しい評価は難しい」[29]という問題が生じる．つまり，SDGsに関する情報公開を企業に求めるのであれば，単に国際的に遵守を求めるだけではなく，ある程度規制に落とし込む必要がある．その一例が，前出コーポレートガバナンス・コードの改訂である．

　では，日本企業の現状はどのようになっているのだろうか．第1に，KPMGの調査より大企業を中心としたSDGsに関する状況を示す[30]．まず，2020年の段階では11の国や地域でトップ企業[31]の70％以上が報告書の中でSDGsに言及している．その中で，事業活動とSDGsを結び付けて報告しているのは世界平均で69％であるのに対し，日本企業は94％がSDGsに関して報告しており，その報告率はトップである．

　しかし，日本企業の場合SDGsに関するポジティブ・ネガティブ両側面に関して報告する企業は全体でわずか5％に留まるなど，そのバランスは悪い．両側面とも報告している企業の世界平均は14％であり，大きく下回っている．このように，日本の場合，SDGsと関連付けて報告する企業は9割を超えるなど，SDGsに関する情報公開はほぼ一般化している一方，他国よりもポジティブな面のみ報告する傾向が強く，十分な内容を報告できているという段階にあるとは言い難い．

　企業の中には，自社の基準を用いてSDGsに関して報告するものも多い．「CSR総覧2022」に掲載されている企業のうち，GCに参加を表明している企業288社を対象とすると，275社が「SDGを参考にしている」と回答し，「参考にしている」275社のうち，164社が「SDGsの達成基準」が有ると回答し

ている[32]．つまり，対象企業においては SDGs を参照して報告するのはもちろん，報告する企業の約半数が達成基準を有しているという．

　このことから，自社の基準自体を見直す必要もあろう．SDGs に限らず，前出コーポレートガバナンス・コードの改訂項目の中には，「経営戦略の開示にあたって，自社のサステナビリティについての取組みを適切に開示すべきである．また，人的資本や知的財産への投資等についても，自社の経営戦略・経営課題との整合性を意識しつつ分かりやすく具体的に情報を開示・提供すべき」という補充原則が新設されている．独自の達成基準を有することは良いことであるが，それがこうした改訂項目をクリアできるレベルには達していない．2021 年 12 月末時点で市場第一部の企業でもこの改訂項目について 66.2％の企業しか対応できていないと回答している[33]．

　次に，実際に報告されている SDGs の中で，どの目標が企業に優先されているのかを抽出する．KPMG の調査によると，世界で最も優先されている目標は，目標 8（働きがいも経済成長も・72％）であり，以下目標 13（気候変動に具体的な対策を・63％），目標 12（持続可能な消費と生産パターンを確保する・58％），目標 7（エネルギーをみんなに，そしてクリーンに・50％），目標 9（産業と技術革新の基盤をつくろう・50％）と続く．これに対して日本の場合は，目標 13（93％）が最も多く，目標 7（86％），目標 11（住み続けられるまちづくりを・85％），目標 9（82％），目標 8（82％）と続くなど違いがみられる．

　気候変動については，各種規制への対応や前出コーポレートガバナンス・コード改訂における TCFD への対応などが影響し，優先順位が高くなっている考えられる．しかし，同様にコーポレートガバナンス・コードの改訂で取り上げられた人材の多様性（目標 5）については 67％に留まる．なお，世界平均においても目標 5 は 43％の言及率である．

　各社にとって 17 すべての目標が等しく重要であるわけではなく，各社の状況に応じて SDGs に貢献できる程度やリスク，機会は異なる[34]．確かに，例えば目標 2（飢餓をゼロに）は，取り組みにくい企業も多いであろう．しかし，目標 5 に代表されるように企業組織に共通する目標もあるが，国内外の企業に

表 2　GC 参加企業による SDGs 報告率

(%)

	日本	中国	韓国	イギリス	アメリカ合衆国	ドイツ	フランス	バングラデシュ	ベトナム	タイ	フィリピン	平均	日本と他国の平均の差
目標 1	2.81	5.33	4.75	4.06	3.69	3.15	2.81	6.03	3.53	4.61	4.05	4.08	1.27
目標 2	3.03	4.58	2.94	2.68	3.83	2.72	2.33	4.62	2.83	4.61	3.07	3.39	0.36
目標 3	7.29	7.43	6.97	8.12	7.56	8.19	8.54	9.63	10.60	7.16	8.25	8.16	0.87
目標 4	5.42	6.76	7.36	6.47	6.65	7.90	7.42	8.34	8.48	6.51	6.80	7.10	1.68
目標 5	7.37	7.44	7.53	8.97	8.81	8.69	10.08	9.76	12.01	5.32	8.41	8.58	1.21
目標 6	4.68	6.09	4.79	4.14	5.56	4.79	3.91	5.26	4.59	5.97	5.83	5.06	0.38
目標 7	6.66	5.86	6.49	5.38	5.40	5.85	4.77	5.52	6.01	6.21	3.72	5.62	− 1.04
目標 8	7.89	7.57	8.49	9.62	8.68	9.44	10.39	10.40	10.60	7.87	8.58	9.05	1.16
目標 9	6.82	5.76	6.27	5.60	5.69	6.57	5.99	5.39	5.65	5.38	5.34	5.86	− 0.96
目標 10	5.22	4.73	5.41	6.01	5.27	4.20	5.05	5.65	4.95	4.49	3.24	4.93	− 0.29
目標 11	6.15	5.32	5.77	4.63	4.59	4.44	3.99	3.59	3.53	5.20	5.83	4.82	− 1.33
目標 12	7.46	6.95	6.11	7.57	7.43	8.50	8.84	7.06	8.83	7.39	7.44	7.60	0.14
目標 13	7.80	6.43	7.48	8.08	8.28	9.01	8.16	4.62	3.53	6.92	7.61	7.08	− 0.72
目標 14	4.30	3.80	3.28	3.05	3.18	2.40	2.25	2.31	1.41	5.32	5.02	3.30	− 1.00
目標 15	5.88	4.61	4.60	4.49	4.50	4.26	5.52	2.95	1.77	5.20	5.34	4.47	− 1.41
目標 16	5.25	5.50	5.94	5.68	4.79	4.31	4.64	4.49	5.30	6.39	4.69	5.18	− 0.07
目標 17	5.96	5.86	5.83	5.47	6.08	5.57	5.29	4.36	6.36	5.44	6.80	5.73	− 0.23

（出所）　United Nations Global Compact homepage. Activities to support advancing the SDGs by country より筆者作成（https://www.unglobalcompact.org/interactive/sdgs/countries/ 2022 年 11 月 28 日現在）.

とって優先順位は決して未だ高くはない.

　第2に,対象国を絞り,同様にSDGsにおける優先目標順位をみてみる.第1のKPMGの調査は全体傾向を捉える,あるいは日本と世界全体を比較するには良いが,「世界」の対象が52ヵ国と幅広い.そこで,GCのデータベースの中から,対象国を日本,中国,韓国,バングラデシュ,ベトナム,タイ,フィリピン,そして企業の社会的責任に関して先進的な事例の多いイギリス,アメリカ合衆国,ドイツ,フランスに絞り,各国各社がSDGsに関して,どの目標を優先して取り組んでいるかを分析する[35].このデータベースを用いる理由として,SDGsが遅れている要因の1つが,多国籍企業クラスであってもNGOや政府などとの複雑なパートナーシップを組むことについて,経験が十分でないことが挙げられている[36].GC参加表明企業はGCプラットフォームにおいて多くのパートナーシップや学習に関する機会に恵まれており,この問題点の1つを改善できるという点で,非参加企業よりもSDGsを進めやすい環境にあるといえる.

　最も言及される全体平均割合が高かったのは,目標8(働きがいも経済成長も)である.これはKPMGの調査における「世界」と同じである.次点が目標5(ジェンダー平等),目標3(すべての人に健康と福祉を),目標12(持続可能な消費と生産パターンを確保する),目標13(気候変動に具体的な対策を)と続く.KPMGの調査とはやや異なり,5について言及する国の割合が高い.ベトナムやフランスは10%を超える言及率である.逆に最も割合が低かったのが目標14(海の豊かさを守ろう)であり,続いて目標2(飢餓をゼロに)である.この点についてはKPMGの調査とほぼ同じ結果となった.日本の場合は,目標8,13,12,5,3と続いており,GC参加企業の場合にはKPMGでは上位に上がってこなかった目標5および3に取り組む姿勢がみられる.

　日本企業と平均を比較し日本企業の方が特に低く開きが大きかったものは,目標4(質の高い教育をみんなに),目標1(貧困をなくそう),目標5である.他方,日本企業が全体平均を大きく上回っているのは,目標15(陸の豊かさを守ろう),目標11(住み続けられるまちづくりを),目標7(エネルギーをみんなに,そ

してクリーンに）である．対象国を少し絞るとデータの種類は異なるが，上位にくる優先目標に共通点がみられる．また，KPMG の調査が対象とした大企業と GC 参加企業間では同じ日本企業でも優先目標が異なっている．

　目標 4 については，日本を除いた，すべての国が各国それぞれの平均を上回る言及率である．目標 1 については，すべての目標の中でもバングラデシュを除いて低い値になっている．

　目標 5 は日本を含む各国企業が他の目標よりも言及する割合が高かった一方，日本と平均が 2 番目に離れた数字になった目標である．この目標は日本企業の中でも言及する割合が 4 番目に高いが，他国と比較するとまだ低いといえる．中でも，ベトナムとフランス，イギリス，アメリカ合衆国，ドイツが平均を引き上げている．アメリカ合衆国とベトナムは，目標 5 に関する言及割合が同国内で最も高い．日本はタイ（5.32％）に続く低さである．

　このように日本企業にとって，目標 5 は 1 つのキーポイントであると考えられる．日本を対象とした KPMG の調査においては，8 番に優先順位が高い目標であり（67％），GC のデータベースにおいても言及している目標 4 位に入っているが，2021 年のコーポレートガバナンス・コードも，ダイバーシティに関する項目の改訂が行われるなど要請が高まる中，未だ改善が求められる目標の 1 つである．

　なお，目標 5 は以下の通りである．

5.1　あらゆる場所におけるすべての女性及び女児に対するあらゆる形態の差別を撤廃する．

5.2　人身売買や性的，その他の種類の搾取など，すべての女性及び女児に対する，公共・私的空間におけるあらゆる形態の暴力を排除する．

5.3　未成年者の結婚，早期結婚，強制結婚及び女性器切除など，あらゆる有害な慣行を撤廃する．

5.4　公共のサービス，インフラ及び社会保障政策の提供，ならびに各国の状況に応じた世帯・家族内における責任分担を通じて，無報酬の育児・介護や家事労働を認識・評価する．

5.5　政治，経済，公共分野でのあらゆるレベルの意思決定において，完全かつ効果的な女性の参画及び平等なリーダーシップの機会を確保する．

5.6　国際人口・開発会議（ICPD）の行動計画及び北京行動綱領，ならびにこれらの検証会議の成果文書に従い，性と生殖に関する健康及び権利への普遍的アクセスを確保する．

5.a　女性に対し，経済的資源に対する同等の権利，ならびに各国法に従い，オーナーシップ及び土地その他の財産，金融サービス，相続財産，天然資源に対するアクセスを与えるための改革に着手する．

5.b　女性の能力強化促進のため，ICT をはじめとする実現技術の活用を強化する．

5.c　ジェンダー平等の促進，ならびにすべての女性及び女子のあらゆるレベルでの能力強化のための適正な政策及び拘束力のある法規を導入・強化する．

さらに，SDGs にはグローバル指標がある．これは，2017 年国連総会で SDGs の進捗を測るためにできた枠組みである[37]．具体的に 5.5 には以下のグローバル指標がある．

5.5.1　国会及び地方議会において女性が占める議席の割合

5.5.2　管理職に占める女性の割合

　両者は明確な数値で示すことができる．よって，5.5.2 について，「CSR 企業白書 2022」を元に実施状況を抽出する[38]．項目は，女性管理職・部長・役員比率と 10 年間でそれら比率が増加したランキングであり，主にプライム上場企業を対象とする．

　まず，女性管理職比率 1 位は ABC Cooking Studio（97.1%），シーボン（88.7%），2 位スタジオアリス（80.6%），ニチイ学館（79.1%）と続いていくが，上位 10 社のうちプライム市場上場企業はスタジオアリスのみである．女性部長比率におけるプライム市場上場企業は，2 位のポピンズ社（75.0%），5 位スタジオアリス（60.0%），9 位資生堂（41.9%）である．同役員比率の場合，1 位

SBSホールディングス（50.0％・11名），5位資生堂（37.9％・11名），7位武田薬品工業（36.8％・7名），9位エステー（33.3％・4名），同率9位テノ・ホールディングス（33.3％・3名），WOW World（33.3％・2名），バリューコマース（33.3％・1名）である．必ずしもプライム上場企業の管理職以上の比率がそれ以外と比べると高いというわけではないが，ポジションが上がるにつれプライム上場企業の割合も上がっている．

　それに対し，単年度ではなく直近「10年間で女性管理職比率が増加した企業」の上位10社のうち，プライム市場上場企業は5社ある．1位はイオンであり，2011年4.7％（64名）が2021年に37.1％（5,506名）へ上昇している．3位リクルートホールディングス（2011年70名13.5％から8名42.1％），5位ファンケル（35名24.0％から107名46.5％），7位第一生命ホールディングス（177名5.8％から977名27.4％），10位りそなホールディングス（448名10.8％から1,307名29.2％）と続く．

　同部長比率では，1位シーボン（2011年3名30.0％から4名66.7％へ），2位リクルート（6名6.1％から4名36.4％），3位資生堂（8名14.8％から18名41.9％），4位中外トランスライン（1名14.3％から3名33.3％），5位キリンホールディングス（3名1.0％から9名19.1％），6位J.フロント リテイリング（6名5.0％から23名22.3％），8位プレステージ・インターナショナル（0名0％から6名14.3％），9位ソニーグループ（36名3.2％から26名15.3％），10位松屋（19名4.7％から42名15.7％）となっている．

　同役員比率では1位はWOW World（0名0％から2名33.3％），2位王子ホールディングス（0名0％から4名23.5％），3位コカ・コーラボトラーズジャパンホールディングス（0名0％から3名23.1％），5位武田薬品工業（3名15.0％から7名36.8％），6位森永製菓（0名0％から5名21.7％），7位日本ペイントホールディングス（0名0％から4名20.0％），同率7位モリト（0名0％から2名20.0％），10位IDホールディングス（0名0％から7名19.4％）となっている．このように，ここ10年間で増加した企業ランキングでは，プライム上場企業が過半数あるいはそれ以上を占めるなど，対応がみられる企業が多い．

　上記は目標5.5.2に則し女性に焦点をあてたデータであるが，コーポレートガバナンス・コードの改訂では企業の中核人材の多様性の確保とある．したがって，女性だけではなく外国人や中途採用者の中核人材への登用などの多様化の確保の考え方，目標，状況を公表する必要がある[39]．こうしたコード改訂により「サステナビリティ情報開示の一部が事実上の規制となった」[40]ことから，さらに比率を上げようと努力する企業は増加するであろう．ただし，比率だけが重要というわけではない．改訂において「多様性の確保に向けた人材育成方針・社内環境整備方針をその実施状況と合わせて開示」とあるように，社内の体制改善から取り組まなくてはならない．当人が管理職や役員のポジションを望む場合に性別や国籍，年齢とそれに伴うライフイベントが足枷になってはならないよう，企業側が仕事量や給与といったものを配慮できるかどうかが目標5の達成には不可欠である．

4．課題と展望

　本章においては，国連を中心とした環境や人権に関する動向を概観してきた．こうした企業を取り囲む国際的な枠組みは雲の上の話ではなく，株主の多様化やESG投資の拡大，コーポレートガバナンス・コードの改訂といった形で企業に具体的な改善を求めている．そこで，企業は統合報告書などを用いてSDGsを含むサステナビリティに関する情報公開を行うようになってきた．その中には，SDGsに関する情報公開は比較可能性や目標をめぐる曖昧さから，ステイクホルダーが期待するような報告書には未だ達していないという課題が残る．

　日本企業に焦点をあてると，SDGsに関する報告そのものは大企業を中心にほぼ一般化し，多くが自社で達成基準を持っているものの，他国と比較するとポジティブな側面をピックアップする傾向が強く，ガバナンス・コードの改訂に十分に対応できているといえる状況にはない．ただし，目標5について具体的に数字をみてみると，プライム上場企業の改善状況もうかがえる．

　サステナビリティに関する取り組みは企業内で完結したり，すべての責任が

企業にのみあるわけではない．株主や消費者，政府などもまた，それぞれ市場
を通じて評価したり，規制したりするなど役割を果たすことによって，その取
り組みの継続性，発展性が左右される．

　しかしながら，本研究は分析上業種による違いを考慮できていない．また，
上記企業のサステナビリティに関する活動の推進力となる市場や消費者，政府
の影響についても検討できていない．この点については，今後の課題とする．

1)　United Nations, The Sustainable Development Goals: Our Framework for COVID-19 Recovery,（https://www.un.org/sustainabledevelopment/sdgs-framework-for-covid-19-recovery/，2022 年 11 月 21 日現在）.

2)　NHK ホームページ「COP27　気候変動の被害支援する新たな基金創設へ "画期的合意"」,（https://www3.nhk.or.jp/news/html/20221120/k10013897671000.html，2022 年 11 月 21 日現在）.

3)　JETRO COP27 に向け，環境関連プログラムを立ち上げ（エジプト），（https://www.jetro.go.jp/biz/areareports/2022/b8be180d32cfc583.html，2022 年 11 月 21 日現在）.

4)　法務省，2021，4 ページ.

5)　同上書，4-5 ページ.

6)　国連広報センターホームページ，（https://www.unic.or.jp/news_press/features_backgrounders/45388/，2022 年 11 月 21 日現在）.

7)　UN & Accenture, 2019, p. 13.

8)　鈴木，2020，44 ページ.

9)　同上，56 ページ.

10)　東京証券取引所，2022，6 ページ.

11)　PRI, What are the Principles for Responsible Investment?,（https://www.unpri.org/about-us/what-are-the-principles-for-responsible-investment，2022 年 11 月 13 日現在）.

12)　和訳は下記より引用した．経済産業省ホームページ，（https://www.meti.go.jp/policy/energy_environment/global_warming/esg_investment.html，2022 年 11 月 16 日現在）.

13)　東京証券取引所，2021，10 ページ.

14)　同上，12-16 ページ.

15)　UN & Accenture, op. cit., pp. 12-14.

112

16)　Vogel, 2005, 邦訳, 206 ページ.

17)　株式会社ユーグレナホームページ, 定款上の事業目的を, SDGs を反映した内容に全面刷新,「Sustainability First」を定款上でも体現,（https://www.euglena.jp/news/20210805-2/, 2022 年 11 月 29 日現在）.

18)　NIKKEI　リスキリング, 金もうけより SDGs　新しい株式会社の定款を変更,（https://style.nikkei.com/article/DGXZQOLM078DZ0X01C21A2000000?channel=ASH05017&n_cid=LMNST011, 2022 年 11 月 29 日現在）.

19)　PRTimes,「環境技術の世界市場は 2027 年まで年平均成長率 4.60 ％で成長する見込み」（2021. 12. 27）,（https://prtimes.jp/main/html/rd/p/000004431.000067400.html, 2022 年 11 月 16 日現在）.

20)　Fairtrade Label Japan, 2021, 3 ページ.

21)　日本菓子協会, 令和 3 年菓子データ,（https://anka-kashi.com/statistics.html, 2022 年 11 月 29 日現在）.

22)　消費者庁, 2017, 19-25 ページ.

23)　東京証券取引所, 前掲書, 8 ページ.

24)　KPMG, 2022, 65 ページ.

25)　MacFeely, 2000, 367 ページ.

26)　Tulder, 2021, p. 13.

27)　op cit., p. 10. 小坂, 2018, 26-29 ページ.

28)　川原・入江, 2020, 22 ページ.

29)　同上, 27 ページ.

30)　KPMG, 2020.

31)　KPMG によれば以下を対象としている.「52 の国・地域における上位 100 社（計 5,200 社）」

32)　東洋経済新報社, 2022.

33)　東京証券取引所, 2022, 10 ページ.

34)　GRI, GC and wbcsb, 11 ページ.

35)　United Nations Global Compact,（https://www.unglobalcompact.org/interactive/sdgs/countries/, 2022 年 11 月 28 日現在）.

36)　Tulder, op. cit., p. 11.

37)　総務省ホームページ,（https://www.soumu.go.jp/menu_news/s-news/01toukatsu01_02000163.html, 2022 年 11 月 22 日現在）.

38)　東洋経済新報社, 2022, 404-423 ページ.

39)　東京証券取引所, 前掲書, 10 ページ.

40)　東洋経済新報社, 前掲書, 17 ページ.

参 考 文 献

川原尚子，入江賀子「日本の RE100 企業と電力会社の社会影響情報開示―SDGs に焦点をあてて―」『商経学叢』，2020 年 12 月，第 67 巻第 2 号，21-45 ページ．

小坂真理「サステイナビリティ報告書における SDGs 記載の課題：統合的アプローチによる考察」『環境情報科学　学術研究論文集』，2018 年，32，25-30 ページ．

消費者庁『「倫理的消費」研究調査会取りまとめ―あなたの消費が世界の未来を変える』2017．消費者庁ホームページよりダウンロード可（https://www.caa.go.jp/policies/policy/consumer_education/consumer_education/ethical_study_group/，2022 年 11 月 29 日現在）．

鈴木貴大「コーポレートガバナンスと企業の社会的責任の統合可能性」『政経研究』第 56 巻，第 4 号，39-60 ページ．

東京証券取引所『コーポレートガバナンス・コードへの対応状況（2021 年 12 月末時点）』，2022 年．

東京証券取引所「コーポレートガバナンス・コード～会社の持続的な成長と中長期的な企業価値の向上のために　改訂前からの変更点」，2021 年．

東京証券取引所ホームページ（https://www.jpx.co.jp/news/1020/20210611-01.html よりダウンロード可，2022 年 11 月 14 日現在）．

東京証券取引所『2021 年度株式分布状況調査結果の概要』，東京証券取引所，2022 年．東京証券取引所ホームページよりダウンロード可（https://www.jpx.co.jp/markets/statistics-equities/examination/01.html，2022 年 11 月 29 日現在）．

東洋経済新報社『CSR 企業総覧 2022　ESG 編』，東洋経済新報社，2022 年．

東洋経済新報社 CSR データ開発チーム『CSR 企業白書 2022』，東洋経済新報社，2022 年．

法務省人権擁護局（2021）『今企業に求められる「ビジネスと人権」への対応　概要版』．https://www.moj.go.jp/content/001346121.pdf よりダウンロード可．

Fairtrade Label Japan『The Future is Fair フェアな未来へ　年次レポート 2020-2021 年』，Fairtrade international. https://www.fairtrade-jp.org/ よりダウンロード可（2022 年 11 月 29 日現在）．

Global sustainable investment alliance, Global sustainable investment review 2020, http://www.gsi-alliance.org/ よりダウンロード可（2022 年 11 月 13 日現在）．

GRI, United Nations Global Compact and wbcsd,『SDG Compass　SDGs の企業行動指針―SDGs を企業はどう活用するか―』, https://sdgcompass.org/download-guide/ よりダウンロード可（2022 年 11 月 25 日現在）．

KPMG『日本の企業報告に関する調査 2021』KPMG サステナブルバリューサービス・ジャパン，2022 年．

KPMG『国連の持続可能な開発目標（SDGs）に関する報告』KPMG，2020 年．

114

MacFeely, Steve. "Measuring the Sustainable Development Goal Indicators: An Unprecedented Statistical Challenge", *Journal of Official Statistics*, vol. 36, issue 2 (June), 2020, pp. 361-378.

Tulder, R. V., Rodrigues, S. B., Mirza, H., and Sexsmith, K., "The UN's Sustainable Development Goals: Can multinational enterprises lead the Decade of Action?", *Journal of International Business Policy*, Vol. 4, issue 1 (march), 2021, pp. 1-21.

United Nations Global Compact and Accenture strategy, *The Decade to Deliver: A call to business action*, 2019.

Vogel, David, The Market for Virtue: the potential and limits of Corporate Social Responsibility, Washington, D.C., The Brookings Institution, 2005, デービッド・ボーゲル著, 小松由紀子, 村上美智子, 田村勝省訳『企業の社会的責任（CSR）の徹底研究　利益の追求と美徳のバランス―その事例による検証』一灯舎, 2007 年.

第7章　タイにおけるSDGsの受容と実践

木　村　有　里

〈第7章のポイント〉
① タイ政府は国家戦略にSDGsを組み入れ推進しているが，それには国内向け，国外向けの2つのメッセージが込められている．
② タイはSDGsを自国の文脈で理解・受容し，その浸透を図るとともに，コロナ後の成長に向けて「BCG経済」を新たな国家戦略に掲げて取り組んでいる．
③ タイにおいて大きなプレゼンスを持つ日系企業は，持続可能な社会づくりに対して期待される役割も大きく，これに応えることは新たなビジネスチャンスにもなる．

本章では，タイがどのようにSGDsを受け入れ，取り組んでいるのかを紹介する．東南アジアの国々は，SDGsのようなグローバルな要請に対して「遅れている」というイメージを持つ方も多いだろう．しかし，タイはSDGsを高次の国家戦略の中に組み込み，これを推進する姿勢をみせている．その明確な達成への意志は，いわゆる「先進国」に劣るものではない．また，タイはSDGsを自国の価値規範と融合させ，自国の文脈で理解して受容しようと試みている．それは，SDGsをキャッチフレーズ的に使用している日本とは異なった様

相である。在タイ日系企業は，そのプレゼンスの大きさから，タイ社会の持続可能性に向けての取り組みに参画することが求められている。タイでのSDGsの実践は，タイ社会に対してその責任を果たすだけではなく，日本の学びとなり，日・タイ両国の持続可能な社会づくりに寄与するものである。

1. タイ政府によるSDGs推進体制

はじめに，タイの SDGs17 目標の達成状況を Sustainable Development Report 2022（Sustainable Development Solutions Network による 2022 年 6 月発表）から確認してみよう。タイの SDGs Index Score は 74.13 であり，163 ヵ国中の 44 位である。ASEAN10 の中ではタイが最もスコアの高い国ではあるが，2019 年 40 位，2020 年 41 位，2021 年 43 位と年々順位を下げており，取り組みが停滞していることが分かる。（一方で，シンガポール，インドネシア，フィリピンなどは順位を上げてきている。）日本も SDGs スコアと順位を 3 年連続で後退させていて，日・タイ両国とも SDGs 達成に向けてアフターコロナ期に入った今，一層の努力が求められている。タイにおいて，SDG achieved（達成に近づいている）とされているのは，ゴール 1「貧困をなくそう」のみである。Challenges remain（課題が残る）もゴール 4「質の高い教育をみんなに」のみであり，残りの 15 目標が Significant challenges remain（重大な課題が残る）または，Major challenges remain（大きな課題が残る）とされている。

タイ政府は首相を委員長とする「持続可能な開発のための国家委員会（National Committee for Sustainable Development：CSD）」を設置しており，ここが中心となって SDGs の，① 国家政策への統合，② 実現のための仕組み，③ パートナーシップ，④ パイロットプロジェクト，⑤ モニタリングと評価，⑥ 啓発の 6 つの活動に取り組んでいる。①によりプラユット政権下で策定された最上位の国家戦略である「20 ヵ年国家戦略 The National Strategy（2017-2036）」（別称，タイランド 4.0）の中に SDGs が組み込まれたことは，②〜⑥の活動を後押ししている。

現在，CSD は国家経済社会開発庁（the National Economic and Social Development

Board：NESDB）が事務局となり，官民学に CSO/NGO などの市民代表も加え
て約 38 名で構成されている．このような国政に関わる委員会に市民代表（4
名）が加えられた点は，「お上」意識の強いタイにおいてはめずらしく進歩的
なことであるが，パートナーシップを重視する SDGs の推進に必要なことと判
断されたようである．しかし，政府に対して批判的なグループ，あるいは，地
方や草の根に活動しているグループの代表はメンバーに選ばれていない．ま
た，地方自治体の参加もなく，あくまでも中央主導のものであることが分か
る．地方自治体の SDGs への参加・関与の低さについては，タイ政府の自主的
レビュー（Voluntary National Review 2021）の中でも課題として挙げられている．

　タイ政府がこのように，SDGs 推進に注力する理由は 2 つある．第 1 には，
国内の治安維持のためのメッセージとして SDGs が有効であったこと，第 2 に
は，中所得国の罠から脱出し高成長を目指す上で，国外からのグローバルな要
請に積極的に対応しなければならないからである．

　タイ国内情勢がかつてのように安泰ではないということは，周知の事実だろ
う．現プラユット軍政は，2014 年クーデターによってタクシン派を排除する
ことによって成立している．これにより，成長から取り残された地方民や，格
差に苦しむ貧困層の人々の声も封じられる結果となった．2019 年選挙により
形式上は民主主義をとりつつも継続されている軍政に対して，国内に燻ぶる不
満はいつ表面化してもおかしくはない．2019 年には，コロナウイルス拡大に
より市民生活の状況が悪化し，都市部でも，① 政権退陣，② 憲法改正，③ 王
室改革を掲げるデモが発生している．「誰一人取り残さない」を理念とする
SDGs に政府が積極的に取り組む姿勢を示すことは，格差問題をはじめとする
様々な社会的課題の解決に向けて政府は専心努力しているとの国内向けメッ
セージでもある．

　さらに，2017 年の即位後も国外滞在を続けているラーマ 10 世ワチラロンコ
ン王に対する国民の支持は高いとはいえない．コロナ禍による市民生活の苦境
を背景として，2020 年 7 月には王室への抗議運動も高まりをみせ，ハッシュ
タグ「＃なぜ，私たちに国王は必要なのか」が広まり，学生団体から公然と

「王室改革 10ヵ条要求」が提示されるほど王室の求心力は下がっている．これに対して，不敬罪の取り締まりはさらに強化され，2020 年 7 月から 2023 年 1 月までの間に，少なくとも 1800 人以上が逮捕され，中には 10 代の逮捕者もいる（「人権のためのタイ弁護士団：Thai Lawyers For Human Rights」による）．

ラーマ 9 世プミポン前国王が 1997 年に示された「足るを知る経済（Sufficiency Economy）」の考えと SDGs を結び付けた Sufficiency for Sustainability を広めることには，タイ国王の示した価値の普遍性，先進性を強調し，王室の威信回復を図る狙いがある．現王は前王の薫陶を受けており，その叡智が引き継がれていることも同様に強調されている．

このような国内向けの統制と同時に，タイはグローバル社会からの要請にも対応しようとしている．2017 年新憲法のもと策定された「20ヵ年国家戦略（2018-2037）」では，今後 20 年以内に「先進国」入りを目指すことが明示されている．これまでの産業構造を転換し，グローバル市場で戦うことのできる競争力のある産業育成が推進されている．

タイにとって痛い教訓となったのは，2015 年 4 月欧州委員会による「イエローカード」発動である．漁業のサステナビリティを脅かす違法・未報告・未規制（Illegal, Unreported, Unregulated：IUU）漁業対策に非協力的とされ警告を受け，EU への輸出の際には厳しい検査を通過しなければならず，タイの水産業，水産加工業には大きな打撃となった．タイ政府は欧州委員会との協議に応じ，国際法に即した国内法の整備，国家としての義務遵守，漁船統制強化，漁業活動の遠隔監視，港湾での検査計画の改善を整備した．その結果，2019 年 1 月に「イエローカード」は解除されたが，それまでに 4 年を費やしたことになる．その後，国連「ビジネスと人権に関する指導原則」に基づき，2019 年 10 月タイはアジア地域において初めて「ビジネスと人権に関する国別行動計画（National Action Plan on Business and Human Rights：NAP）」を閣議決定し公表した（日本が「ビジネスと人権に関する行動計画」を公表したのは 2020 年 10 月）．労働省，法務省，内務省，工業省，タイ証券取引所が連携し，① 労働，② コミュニティー・土地・天然資源・環境，③ 人権擁護者，④ 越境投資・多国籍企業

の4分野について国際社会からの要請に応えるべく，具体的な取り組みを示している．これはもちろん，EU，アメリカ，オーストラリアなどとのビジネスを念頭に置いたものであるが，人権擁護者への対応や，国有企業および企業セクターの義務を明文化することで，「法と倫理」というグローバルな価値を受け入れて，「先進国」入りのためにタイ社会を改革しようという意志が感じられる．タイ政府による SDGs 推進は，こうしたグローバルな価値基準の受容の一環であると考えられる．

2．タイにおける SDGs の受容

(1)「足るを知る経済」と SDGs

　タイは1997年の通貨バーツ暴落から，国家財政破綻の危機にみまわれた．その年の12月5日国王誕生日にあたって慶祝に集まった国民を前に，ラーマ9世プミポン前国王は，過度な市場経済への依存を戒め，身の丈にあった投資の重要性や自給自足的な生活の再評価などが説かれた．これは経済だけを問題としているのではなく，国のあり方や倫理を説いており，哲学的な意味合いの強いものであった[1]．

　この際に使われた「足るを知る経済」という言葉は，そのまま「足るを知る経済」哲学として国内の様々なセクター，官庁，政界，実業界などによって議論され，現実の運営に取り入れられていった．つまり，「足るを知る経済」とは，国王講話をきっかけとして，タイ社会が自らの考え，その中から生み出された「目指すべき社会像」なのである．「足るを知る経済」とは，仏教の「中庸」の教えに従い，「欲心を抑え，必要なことだけを必要なだけ正直に行う」ことによって，しなやかで持続可能な社会を作るという考え方である．

　仏教の「中庸」の教え，そして「知足」は古くからタイ社会に浸透していた．例えば，タイの戦後後初の文民首相（1975-1976年）であり，タイを代表する知識人として知られるククリット・プラモートが1956年に行った「現代生活と仏教」と題する講演がある．この中で，ククリット氏は経済発展と仏教の関係を取り上げており，以下のように述べている[2]．

　「……もし，破壊の原理，無欲の原理を踏まえて一言いわせていただければ，足るを知るという精神をもって，今日，世界各国が現実の政治を検討し，その精神を政治に取り入れたら，と思います．私は取り入れるべきだと思います．政治指導者たちの愚昧，貪欲，野望による他者への迫害などで，今日の世界が混乱し，一般人を困窮せしめているのを知っているからです．そこで，もし，仏教のさまざまな原理を国連，あるいは全世界のあらゆる会議に導入し，厳密に守らしめれば，多大なる利益が得られるであろうと思います．」

　また，タイ経営者研究所（Thai Institute of Directors）が2006年に，約400社を対象として行った調査では，タイ人経営者の85%が「足るを知る経済」哲学に基づく経営手法を支持しているという[3]．

　国家経済社会開発庁（NESDB）による5ヵ年ごとの「国家経済開発計画」も，これ以降は「足るを知る経済」哲学を色濃く反映したものとなった．第8次計画（1997-2001）は，経済成長重視路線から「人を中心とした開発」への転換，国民の幸福感の向上や，生活の質の向上といった目標を設定．第9次計画（2002-2006）は，「足るを知る経済」哲学を国家運営の基礎として，第8次計画の「人を中心とした開発」による開発方針を併用．第10次計画（2007-2011）では，「足るを知る経済」哲学を基礎として，グローバル化の潮流に対応しながらも，社会の調和を維持し，あらゆる分野でのセーフティネットの構築が目指され，第11次計画（2012-2016）でも「知足」の理念を継続し，格差を是正，公平・公正かつ適応力のある幸せな社会の構築を国家ビジョンとした．2014年軍事クーデターを経たプラユット体制では，国家経済開発計画は高成長路線へと転換した．それでも，第12次計画（2016-2022）では，高所得国となるために産業構造転換だけではなく，地域開発，経済・社会・環境の調和のとれた開発，環境にやさしい開発などが盛り込まれていた．

　2015年9月，ニューヨーク国連本部において「国連持続可能な開発サミット」が開催され，SDGsが世に送り出された．この際に，プラユット首相はタ

イがこれまでも「足るを知る経済」哲学に基づき，独自に持続可能な開発目標を掲げてきたこと，そして，タイの国家開発目標は，グローバルな要請と一致しているとスピーチをしている．現在は，「タイ持続可能な開発財団（Thailand Sustainable Development Foundation：TSDF）」が中心となって「足るを知る経済」哲学と SDGs を融合した Sufficiency for Sustainability（S-4-S）の啓蒙活動が行われている．

　TSDF（2014 年 7 月設立）は，タイの経済，社会，環境，文化のバランス維持と，持続可能な開発を推進することを主な目的とした団体である．Royal Project Foundation（ロイヤルプロジェクト財団），Sufficiency Economy Philosophy and Sustainable Development Center（知足経済と持続可能な開発センター），The Thailand Research Fund（タイ研究基金），Thailand Business Council for Sustainable Development（持続可能な開発のためのタイビジネス協議会），Thai CSR Network（タイ CSR ネットワーク），The Siam Cement Group（サイアムセメントグループ），College of Management Mahidol University（マヒドン大学マネジメント学部）など，産官学 19 団体が持続可能な開発へのパートナーとして加わっている．TSDF は，国内活動だけではなく，国外に向けても「足るを知る経済」哲学について発信しており，国連本部で企画を開催したほか，“Thailand's Sustainable Business Guide” を刊行して，タイ企業のサステナビリティへの取り組みをまとめている．この本は，タイにおけるサステナビリティの文脈，文化的側面を強調している点が特徴であり，「足るを知る経済」が企業の持続可能性の普及に重要な役割を果たしていることを述べている．

　「足るを知る経済」哲学には，仏教の「中庸」の考えや，アジアの伝統的な暮らし，タイらしさ（Thainess）が含まれている．一方，SDGs には，社会保障，環境保護，人権保護といったヨーロッパがこれまで積み上げてきた活動，さらには，「法と倫理」を重要視するヨーロッパ的価値規範が含まれている．SDGs という外来の理念を，自国の価値規範と融合させ，自国の文脈で理解して受容しようとするタイの姿勢から，日本は学ぶべきものがあるのではないか．現在，日本では SDGs は多くのメディアに取り上げられ，17 色の SDGs

バッジをつけた議員やビジネスマンも数多くいる．しかし，SDGs が日本の伝統や文化，価値観の中で十分に咀嚼され，理解されているかといえばそうではないだろう．そのことが，SDGs がいまだにスローガンに留まり，日本人の行動変容につながっていない理由ではないだろうか．

⑵　タイの新しい成長戦略「BCG 経済」

現在，タイとして最上位の国家戦略は「20ヵ年国家戦略 The National Strategy (2017-2036)」である．これに沿って産業を高度化するための政策が「タイランド 4.0」であり，そのキーワードは，イノベーション，生産性向上，デジタル化である．これに加えて，2021 年に重要戦略として新たに「BCG 経済（Bio-Circular-Green Economy）」を打ち出し，2021-2026 年の 5ヵ年計画で実行している．コロナ後のタイ社会には「環境」を重視した成長モデルが必要であるとの判断から，バイオエコノミー，サーキュラーエコノミー，グリーンエコノミーを一体として進めるという目標が立てられた（図1）．バイオエコノミーとは，再生可能な生物資源の利用，バイオテクノロジーの活用，天然資源を費用対効果の高い方法で利用することなどにより生まれる新たな経済のことである．サーキュラーエコノミーとは，リサイクルやリユースにより資源を循環させる，廃棄物を最小限に抑え，新しい資源の利用を最小限にするというコンセプ

図 1　BCG 経済のコンセプトモデル

（出所）　タイ国立科学技術庁 Web より（https://www.nstda.or.th/thaibioeconomy/bcg-concept. html）

トである．グリーン経済とは，経済・社会・環境のバランスを保ち，持続可能な発展を目指すものとなっている．この BCG 経済は，例えば，持続可能な農業，クリーンエネルギー，責任ある消費と生産の促進，環境と生態系の保護といった活動につながり SDGs を前進させるものと考えられる．

BCG 経済モデルの重点分野は，① 農業と食品，② バイオエネルギー，バイオ素材，バイオ化学，③ 医療とウェルネス，④ 観光とクリエイティブ経済とされている（具体的な産業は表1）．現在，これら4つの産業の経済価値は合計で 3.4 兆バーツ（約 12 兆円）であり，GDP の 21％ を占めているが，今後5年間でこの数値を 4.4 兆バーツ（または GDP の 25％ 相当）に引き上げることができると期待されている[4]．

BCG 関連産業への新規投資額は増加しており，政府は外資も活用してさらにこの流れを加速させようとしている．そのため，タイ投資委員会（BOI）によって，これらの重点産業への投資には，優遇策が設けられている．例えば，高齢者向け病院・介護サービス事業には 3-8 年の法人税免除，ゴミや再生可能

表1　タイ BCG 経済重点4分野と成長が期待される産業

① 農業と食品	スマート農業，スマート水産業，植物工場，貴重な産品の農業・養殖，健康食品・高付加価値なバイオ成分（栄養補助食品，有効成分，プロバイオティクス：健康に良い善玉菌，プレバイオティクス：善玉菌の働きを助ける成分など），代替タンパク質（植物・昆虫・細胞由来）など
② バイオエネルギー，バイオ素材，バイオ化学	バイオマス・バイオリファイナリー発電，水素発電，環境配慮型化学物質・ポリマー，生分解性バイオプラスチックなど
③ 医療とウェルネス	遺伝子治療，ワクチン，バイオ後続品（バイオシミラー：特許が切れたバイオ医薬品），医療機器，遠隔医療，タイハーブを含む生体材料の医薬品・医療製品，臨床研究など
④ 観光とクリエイティブ経済	エコツーリズム，サステナブルツーリズム，医療ツーリズム，ワーケーション，メディア関連，デザイン，ファッション，芸能・アート・文化に関連するビジネスなど

（出所）　JETRO 地域分析レポート 2021 年 6 月に筆者加筆作成

エネルギーからの蒸気による電力生産，廃棄物処理・処分に対しては8年間の法人税免除といったものである．農業，バイオ技術を基盤とする産業は優先度が高く，バイオ，デジタル，ナノ技術などの技術開発事業には，最大10年間の免税措置が設けられている．これらの分野でノウハウを蓄積している日本企業，および，在タイ日系企業にとってBCG経済に対応することが成長への活路となるだろう．例として，株式会社日本農業がスマート農業に，三菱ケミカル株式会社や株式会社カネカはバイオ分野に，協和発酵バイオ株式会社が機能性食品分野に参入している．日本人商工会議所は，「BCGビジネス委員会」を新設し，BCG経済モデルに関する情報収集と会員企業への情報展開，さらには在タイ日系企業がBCG関連分野に進出する際，どういった支援が有効か，持続性の高いビジネスモデルは作れそうなのかなどについて議論を行っている[5]．

3．タイにおけるSDGsの実践と日系企業に期待される役割

タイ経済・社会における日系企業のプレゼンスは大きなものがある．タイで活動している日系企業数の正確な統計調査はないが，JETROバンコクセンターが2017年に行った調査から，2017年時点で少なくとも5,444社以上，中小の飲食業やサービス業もあわせれば約7,000社と推定されている．タイの人口約6,500万人のうち，労働人口は約3,600万人，そのうち第一次，第二次産業従事者が約1,500万人，非農業従事者が約2,100万人である．製造業従事者の数は約560万人であるが，そのうちの日系企業が約100万人を雇用している．パナソニックグループの16,000人，タイ矢崎グループの15,000人，タイ国トヨタ自動車グループの12,000人など1社で1万人以上を雇用している企業もある．1人の労働者の後ろには，共に生活する家族2，3人がいる．そのように考えれば，1社で3万人から4万人のタイ人の生活を左右する日系企業もある．在タイ日系企業は，このようなプレゼンスに応じて，持続可能なタイの社会づくりに一定の役割を果たす必要があるだろう．

(1)　環境問題・気候変動問題に向けての取り組み

　自動車や電子・電機メーカーの集積地であるタイにおいて，日系企業は長年にわたり環境対策に力を入れてきた．特に，1990年代以降の企業CSRで環境対策は日系企業が最も得意とする分野であった．その内容は，主に排水対策，有害廃棄物対策，大気汚染対策である．在タイ日系企業はこれまでもサプライチェーンを通じてタイの関連企業にISO14001の取得を促すと同時に，タイ人社員の環境意識・環境対策技術レベルの向上を図ってきた．盤谷日本人商工会議所には，1993年に環境委員会が設けられ日系企業に対して環境情報の提供が開始されている．工場団地内で日系企業が協力して水処理設備の建設，運転にあたっている例もある．

　近年では，エネルギー削減，脱炭素の動きも加速している．日・タイが協力して二酸化炭素排出実質ゼロを目指す「脱炭素工業団地」は，2025年の開業に向けて計画が進んでおり，タイ国トヨタ自動車，豊田通商，大阪ガス，関西電力の4社が参画している[6]．

　2021年度 海外進出日系企業実態調査アジア・オセアニア編によれば，在タイ日系企業のうち，何らかの脱炭素化（温室効果ガス排出削減）にすでに取り組んでいる企業は28.4%，今後取り組む予定の企業が28.2%であった．そして，取り組む予定がないと回答した企業が43.4%であった．脱炭素に取り組む理由としては，「本社からの指示・推奨」（52.3%），「進出国・地域の規制や優遇措置」（31.8%），「取引先（日系）からの指示・要望」（28.8%）が上位を占めた．脱炭素に向けた具体的な取り組みとしては，「省エネ・省資源化」（62.3%）や「再エネ・新エネ電力の調達」（36.3%）などが挙げられている．

　タイ政府は電気自動車の製造拡大，普及にも力をいれている．中期的に目指す生産台数，普及台数を定めており，この政府施策を受けてタイ投資委員会（BOI）では電気自動車の製造にかかる投資奨励制度として法人所得税の免除などを整備している．温室効果ガス排出量削減を奨励する恩典もあり，温室効果ガス排出量削減を目的とした機械設備更新への投資に3年間の法人所得税免除の付与，CCUS（Carbon Capture Utilization and Storage）技術を導入した石油化学

製品の製造設備に 8 年間の法人所得税免除の付与がある[7].

　プラユット首相は 2050 年までに「カーボン・ニュートラル」，2026 年までに「ネット・ゼロ・エミッション」達成という目標を掲げた．しかし，気候変動対策を推進するための効率的な技術の開発は不足してる．また，気候変動対策に必要なデータの収集が不十分であることも効果的な気候変動対策の実施に支障をきたしているという[8]．気候変動対策の技術開発とデータ収集，ここには日系企業のさらなる参入が期待される．

　タイを含む ASEAN 各国は，今後一層環境志向を高めていくと考えられる．スイス再保険会社（Swiss Re Group）の調査では，インドネシア，マレーシア，フィリピンなどの島嶼部は，気候変動による経済悪化リスクがタイよりも高いという．環境配慮型ビジネスのノウハウをタイで蓄積し，ASEAN 地域全体に拡大することも考えられよう．

(2) 格差問題への対応・人間の価値の平等に向けて

　現在のタイ国内の情勢不安の最大の原因は，格差問題（所得格差，地域間格差，産業間の生産性の格差）である．ゴール 1「貧困をなくそう」は，SDG achieved（達成に近づいている）とされているが，バンコクの最大のスラム街クロントイには，建設労働者，港湾作業員などの低賃金労働者が 10 万人も暮らしている．バンコク都庁の統計によれば，スラム街の数，住人数ともに増加傾向にあり，バンコク人口の 3 割はスラムに暮らしている．2018 年クレディ・スイスの調査によれば，タイは人口の 1％が 66.9％の富を所有する「世界一格差を抱える国」である[9]．

　2015 年の一人当たりの域内総生産（Gross Regional Product：GRP）を比較すると，最も高いのは自動車産業や電気・家電，一般機械など，高付加価値な工業製品の製造拠点である東部（43 万 2,712 バーツ）である．これに対して最も低いのは農業を中心としている東北部（7 万 906 バーツ）であった．東部と東北部とでは一人当たり GRP に，約 6 倍の差がみられる[10]．

　SDGs ゴール 10「人や国の不平等をなくそう」の達成，格差問題の解消に向

けて，日系企業にも役割が期待される．第 1 には，進出地域の広範囲な検討である．現在は，日系企業のタイ進出は，製造業では約 50％，非製造業では約 90％がバンコクおよびその周辺，東部である．一方で東北部は 1％に過ぎない．東南アジアの東西経済回廊と南北経済回廊がタイ東北部で交差することもあり，成長が期待される東北部への日系企業の進出が待たれる．また，イスラーム教徒の多い南部も，タイ企業には敬遠されるが，宗教に特段の縛りのない日系企業ならばイスラーム教徒の雇用も問題はないはずだ．バンコク一極集中の是正への貢献に期待したい．

　第 2 には，やはり北部，東北部の農業の生産性の低さ，収入の低さを改善したい．農業は，BCG 経済の重点分野でもある．具体的には，スマート農業の普及や，高付加価値の農産品の生産などが挙げられる．すでに，タイ北部チェンマイの比較的標高の高い地域に，日系アグリビジネス企業「日本農業」によって，高付加価値産品であるイチゴ栽培が行われている．

　日本の農林水産省は，「グローバル・フードバリューチェーン構築推進プラン」（2019 年）に基づいて，ASEAN 地域へのスマート農業技術の展開を後押ししている．日・タイともに農業従事者の高齢化と減少が進んでいることから，農業のスマート化，ロボット技術の納入などは共通の課題だからである．例えば，農業機械メーカーとして有名なヤンマーグループは，ロボットトラクター，自動運転農機などを活用するパイロットプロジェクトを開始している．

　第 3 には，「モノづくりはヒトづくり」のとして受け継がれてきた人材教育と，それを通じて「人間の価値」の平等を浸透させることだと考える[11]．

　現在のタイの不安定な政治情勢は，国民間の格差拡大が要因の 1 つであるが，それは，経済的格差のみならず「人間の価値」の格差でもある．タイでは，前世の因果により今生に貧しく，教育のない者の意思や命は，おおよそ軽んじられてきた．しかし，日系企業各社では，低位の単純作業担当者から，高位のエンジニアに至るまですべての階層の社員が等しく学び，習熟を目指している．労働災害（タイでは非常に多く発生する）に対しても，ホワイトカラー，ブルーカラーの区別なく撲滅に向けての取り組みがなされている．どのような

末端の作業者であっても，ひとりひとりの作業員の安全は等しく確保され，ヘルメット，ゴーグル，ゴム手袋，安全靴などの防護具が支給されている．そして，それらの使用方法も含めた安全教育により，農村出身で十分な知識のない者でも自分自身を守る術を学習することができるようになっている．このような取り組みが，エリート層出身のホワイトカラーたちの「人間の価値」に対する意識を変えてゆく．身分に対する伝統的価値観を変えることには長い時間がかかるが，日系企業の「ヒトづくり」は，スピルオーバーによって浸透し，格差是正への確かな一歩となるだろう．

(3) 日・タイの把手共行[12]

これまで，日本企業と在タイ企業の間での知の移転に関しては，テクノロジートランスファー，リバースエンジニアリングなど製品・技術ベースで研究がすすめられてきたが，これからは，マネジメントベースでの知の移転が重要になると考えている．

例えば，SDGs ゴール 5「ジェンダー平等を実現しよう」に関連して，ダイバーシティ・マネジメントについて日本はタイから多くを学ぶことができる．ある在タイ大手日系メーカーでは，班長以上のマネジャーの 6 割以上が女性であるという．日本本社が「女性活躍推進本部」を設置し，女性の登用を進めていると聞いてタイでは「では，私たちは男性活躍推進本部を作りましょうか」と笑いあったそうである．また，タイには HIV 陽性者を職場に受け入れてきた経験がある．障がい者はもとより，難病を抱えた方，癌サバイバーの雇用と活用に戸惑う日本の現状とは対照的といえる．外国人労働者の受け入れについても同様に，タイには隣国からの労働者受け入れに長い経験がある．LGBT の受け入れにも寛容である．

また，タイは，年間約 4,000 万人の外国人旅行者を受け入れる世界第 4 位の観光大国である．観光関連収入は GDP の 20％近くを占めている．1960 年に設立されたタイ国政府観光庁（Tourisms Authority of Thailand：TAT）は，国内外に対するタイの観光情報の発信，観光コンテンツの開発，観光産業に携わる機

関・団体へのサポートを主な業務として，タイ国内 45ヵ所，海外 29ヵ所の事務所を有している．「観光立国」として圧倒的な規模と質を持つタイであるが，コロナ期を経て，観光政策に変化がみられている．すでに述べたように「観光」は BCG 経済重点 4 分野の 1 つにもなっている．そこでは，「責任ある観光」の推進が目標とされている．環境やコミュニティーへの配慮，脱炭素のための代替エネルギーの利用といったグリーンツーリズムが提示されている．「責任ある観光」とは，観光者側・観光を提供する側・地域側などすべての関係者が責任を持って「観光」を作ることを意味する．日本は観光立国実現に向けて様々な施策を行っているが，その目標は訪日外国人旅行者数の増加や，消費額拡大が主である．「責任ある観光」へとシフトしたタイの方が「観光立国」として一歩先んじている．

　日本からタイへ，タイから日本へ，伝えること学ぶことが沢山ある．日本とタイがともに持続可能な社会を実現するためには，今後はより一層，学び合う把手共行のマネジメントが必要になると考えている．

1) 恒石隆雄，2007 に詳しい．
2) ククリット・プラモートの 1957 年 5 月 26 日マハーククットラ専門学校講堂における講演より．
3) Sooksan Kantabutra, 2008.
4) アジア・太平洋総合研究センター「Bio-circular-Green（BCG）経済モデルにより経済の回復を目指すタイ」．
5) 日本商工会議所，2022.
6) NNA ASIA　2021 年 11 月 17 日．
7) アレイズマガジン，2021.
8) Voluntary National Review, 2021, p. 60.
9) 八木沢克昌，2019.
10) ジェトロビジネス短信，2018.
11) 木村有里，2015.
12) 木村有里，2021 に加筆．

参 考 資 料

アジア・太平洋総合研究センター，「Bio-Circular-Green（BCG）経済モデルにより経済の回復を目指すタイ」，ASEAN コラム＆リポート，Science Portal ASEAN，2021年（https://spap.jst.go.jp/asean/experience/2021/topic_ea_01.html）．

アレイズマガジン，「SDGs のうねり―サステナビリティに進む世界・タイ」，2021年10月（https://arayz.com/old/columns/features_202110/）．

NNA ASIA，「東部に脱炭素のモデル工業団地　日系 4 社，タイ政府に政策提言へ」，2021 年 11 月 17 日．

NNA ASIA，「生産性アップの裏に日系の技，タイで始まるスマート農業」，2022 年 7月 7 日（https://www.nna.jp/news/）．

大泉啓一郎，「タイランド 4.0 とはなにか―高成長路線に舵を切るタイ―」，『環太平洋ビジネス情報』，Vol. 17 No. 66，2017 年，91-103 頁．

木村有里，「タイ 2014 年クーデターに関する一考察―タイ社会における人間の価値の問題―」，『地域文化研究』第 16 巻，2015 年，130-153 頁．

木村有里，「持続可能性を実現する経営とは」，Chuo Online，2021 年 6 月（https://yab.yomiuri.co.jp/adv/chuo/research/20210624.php）．

ククリット・プラモート，チット・プミサック著　田中忠治編訳『タイのこころ』，めこん社，1975 年，69 頁．

国際協力機構，「第 2 回パイロットプロジェクト（農業分野：スマート農業）現場見学会を開催！」，2022 年 11 月（https://www.jica.go.jp/project/thailand/031/news/20221128.html）．

玉田芳史，「政治的平等を嫌うタイの民主主義，選挙に反対，軍事クーデター歓迎」『エコノミスト』，2014 年 6 月号，84-85 頁．

ジェトロ，「2021 年度 海外進出日系企業実態調査（アジア・オセアニア編）」2021 年（https://www.jetro.go.jp/world/reports/2021/01/6e5157e362606548.html）．

ジェトロ，「地域格差が拡大するタイ経済―タイの地方経済(1)―」，ビジネス短信，2018 年 3 月 30 日．

恒石隆雄，「セタキット・ポーピィアン充足経済」，日本貿易振興機構アジア経済研究所海外研究員レポート，2017 年．

日本商工会議所，「タイにおける BCG（bio-circular-Green）経済モデルとバンコク日本人商工会議所の対応」，2022 年（https://www.jcci.or.jp/international/2022/0912172519.html）．

バンコク日本人商工会議所編，『タイ国概況 2013 年版』，2013 年，『タイ国経済概況 2018/2019 年版』，2019 年，『タイ国経済概況 2020/2021 年版』，2021 年．

バンコク週報，「IUU 漁業問題　EU がタイをイエローカードから外す」，2019 年 1 月9 日．

八木沢克昌,「世界一不平等な国タイのスラムから民主主義を考える―問われる底辺への視点―」, 労働調査協議会, 2019 年 6 月 (https://www.rochokyo.gr.jp/articles/ab1906.pdf).

Dr. Chaiyawat Wibulswasdi, "What is Sufficiency Economy?", Sufficiency Economy Philosophy and Development, 2019 (http://tica.thaigov.net/main/contents/files/business-20160904-174653-791776.pdf).

Institute of Sufficiency Economy, (https://iseth.org Sooksan Kantabutra 2008) "Development of the Sufficiency Economy Philosophy in the Thai Business Sector: Evidence, Future Research & Policy Implications".

Sustainable Development Report, Sustainable development report 2022 (https://dashboards.sdgindex.org/profiles/thailand).

Sustainable Development Knowledge Platform, Thailand's Voluntary National Review on the Implementation of the 2030 Agenda for Sustainable Development, 2021 (https://sustainabledevelopment.un.org/content/documents/279482021_VNR_Report_Thailand.pdf).

Thai Lawyers for Human Rights, (https://tlhr2014.com/en/home 2022, July 8).

Thailand Sustainable Development Foundation (TSDF), (https://www.tsdf.nida.ac.th/en/).

第8章　2つの資本主義と経営類型
——競争資本主義・協調資本主義から共生資本主義へのSDGs——

高 橋 宏 幸

〈第8章のポイント〉

① 封建制度のない新大陸アメリカは，大量生産と大量消費を基礎に企業規模の拡大と経済発展を通じ，利潤獲得競争を進める「レッセ・フェール」により展開.

② ドイツは「利潤極大化の原理」ではなく，農業的経済構造家長的原理の後進国で，植民地獲得競争の回避，国内市場での市場競争抑制的行動がとられた.

③ 経営者資本主義から制度資本主義という個人から法人への所有の移転は，所有構造での銀行から投資ファンドへの交代，「利益一元的な企業経営」を招いた.

④ 資本主義的経営類型である企業の指導原理が，営利経済的原理である. 新たな人的結合は，「社会的関係資本」の創出による「共生資本主義」に通じる.

　ドイツの産業および企業の実態は様々な点で特徴的である. それに対して，現代のグローバル化の進展の中でアングロ・サクソン流の経営に対する立ち遅れをもたらしてきているという批判も向けられてきた. しかしドイツ・モデル

が資本主義の画一的競争優位基準で推し測れない企業の指導原理によっている
としたならば，単純にドイツの企業が立ち遅れていると結論付けることはでき
ない．そこで簡単に，ドイツの資本主義とアメリカの資本主義の発展を跡付
け，さらに両者の基底的な社会経済史的背景と基本的思考の特質を明らかに
し，ドイツ型協調資本主義の今日的発展と将来的展望を示すことにする．

1. アメリカ型競争資本主義と自由競争

　農業国から工業国への転換．農村社会での鍛冶屋であった熟練職人が素地と
なって工場における機械技師（メカニカル・エンジニア）へと発展し，これが工
業化の基盤を形成した．また，西部開拓と人口増さらには封建制度が無いとい
う状況下での大陸横断鉄道や全国的鉄道網の発達によって，地方市場から同質
的な全国市場の形成がなされ，大量生産による標準化された商品の受け入れを
可能にしたこと，また互換（部品）制生産と流れ作業組織（ベルトコンベアーシ
ステム）の確立によって大量生産体制が技術的に可能となり，大企業体制が発
展した．1900年には，工業製品の90％が国内生産者からの購入で占めるほ
ど，国内競争は熾烈化を極めていた．大量生産が普及すると生産過剰が顕著と
なり，その販売のための市場競争は一段と激化することになるからである．素
朴な自由放任主義は競争の活発化をもたらしたものの，規模の経済が競争の優
位性を決定づけるにようになると，次第に企業間競争は競争企業の利益を損な
われることになる．こうした事態を回避するために，1870年代には企業間で
競争を制限しようとして企業合同の動き，すなわち業者間の紳士協定，トラス
ト，持株会社吸収・合併をもたらす引き金となった[1]．

　1850年前までは連邦議会または州議会の特別決議を設立に必要としていた
株式会社は一般的ではなかった．これが，急速に発展したのは包括的な会社設
立法によってであり，これにより株式会社形態の巨大産業企業が登場すること
になる．これを契機に，1870年代の競争と自由放任の社会的風潮をきっかけ
とした企業間競争は巨大産業企業間競争となり，競争は明らかに従来とは異な
り，熾烈化し，利益が大きく損なわれるという事態が発生した．こうしたこと

を回避するため，① プール，② トラスト，③ 持株会社，④ 企業合同，⑤ 利益共同体といった様々な企業合同策がとられた．まず，1873 年に現れたプールは，各構飲員の割り当て高を決めることにより価格統制を実施するもので 1887 年の州際商業法で禁止されるまで続いた．これに替わったのがトラストで，これはトラスト協定のもと，株主がその支配部分を受託理事会に預託し，その代わりにトラスト証券を受け取る方式である[2]．トラストにより受託者に強大な権限をもたらしたことで独占体が形成されたが，これに対し，トラストの活動範囲が州の設立許可書によって付与された権限を逸脱していることで違法判決が出され，反対も急速に拡大し，反トラスト法が制定されることになる．この反トラスト法の制定によって新たに会社法の修正による持株会社が 1898 年には登場する．したがって巨大産業企業は巨大持株会社へと変貌を遂げる．しかし，この持株会社は，その意図が独占にある場合には，設立を認可した州法では合法的であっても，違法というシャーマン法に基づく最高裁判決が下された．その結果，有力持株会社の解散が相次ぐことになった．しかし，後述するように一連の独占禁止法にもかかわらず，その効果は必ずしも十分ではなく，持株会社禁止もその例に漏れず，その後もさらなる企業合併の展開のための手段となった．

　企業合同を企業成長と表裏一帯の関係にあるという視点からみてみると，企業間競争はまず同一市場での市場占有率の拡大（専業戦略）に向けられたが，その後川上（原材料，中間部品），川下（最終製品，流通部門）への垂直的な方向での拡大（垂直統合化戦略）へ，そして最終的には異分野への事業拡大（多角化戦略）や完全に無関連の異分野（コングロマリット）へと展開していった．これは早い段階から始まった独占禁止政策の影響を受けての動きであった．この展開の中で，上述したように持株会社が禁止されたことも手伝って，多角化戦略による複数事業化した企業では階層組織として複数事業部制組織がとられることになった．

　他方，旺盛な資本需要に対する銀行からの巨額の融資，証券市場の拡大と株式会社制度の発展による株式所有の分散，所有者経営者から，専門経営者への

移行（所有者支配から経営者支配への移行）が進み，それまでの産業資本主義から経営者資本主義の時代に転換していく．

　以上のように，急速な近代化と資本主義の発展のもと，寡占的アメリカ企業体制として企業間競争がアメリカ資本主義を特徴づけるに至った．そこでは，自由放任主義（レッセフェール）が競争の自由を損ねる事態が発生し，競争の自由を回復すべく国家の市場介入が進められた．それが，独占禁止法である反トラスト法のシャーマン反トラスト法であり，クレイトン法であった．この間の動きを示すと，

- ・1882 年スタンダード・オイル・トラストの結成
- ・1889 年ニュージャージ州法による持株会社設立認可
- ・1890 年シャーマン反トラスト法の成立（1911 年反トラスト判決），「取引制限行為の禁止」（取引制限を定めた契約，トラストによる結合，共謀の禁止），「独占行為の禁止」
- ・1914 年のクレイトン法（Clayton Act）による企業結合規制による企業結合による市場集中の規制．2 条「市場行為規制」価格カルテル禁止，7 条，8 条「市場構造規制」兼任禁止規定（① 銀行間の人的結合　② 直接的な競争企業間の兼任　③ 運輸企業（鉄鋼企業）と供給企業との兼任の禁止）[3]
- ・1950 年の改正水平的，垂直的およびコングロマリット的な種類の合併と取得に対する規制の強化

である．

　こうした動きは自由競争の確保を目指したもので，市場への介入をめぐる独占禁止政策の理論的基礎には，相異なる 2 つの立場（ハーバード学派とシカゴ学派）があり，今日に至っている．いずれの立場に立つにせよ，アメリカの企業家がいかなる国家的な制約も受けることなく「利潤追求」を目指していたことがアメリカ型競争資本主義の基調となっていたことは否定できない．しかも，この「利潤の大きさは，その（企業家の：引用者）活動の成功度を計量する尺度」[4] であった．

2．ドイツ型協調資本主義の発展と後進性

　それに対してドイツは，もともと農業的経済構造を持っていてイギリスや他のヨーロッパ諸国に比べ後進性が際立っていた．そのようなドイツの経済において，明らかに異なることは「利潤最大化の原理」が指導原理とならず，「扶養という家長的原理が経済主体の行動を規定」[5] していた．すなわち，個人は「家族」の一員であって，市民社会である国家組織の一員として王侯の庇護のもとにゆるぎない身分国家によって社会的―経済的に秩序づけられており，そうしたドイツの状態は「低開発」と特徴づけられていた．

　他のヨーロッパ諸国と比べたドイツの後進性は，農業的性格の強い君主制的封建的権力の伝統に縛られた経済秩序から脱皮できないできたことによる．すでに 1780 年代にイギリスで始まった産業革命が，ドイツにはいってきたのはおよそ 1850 年代とみられる．その契機は，原料工業を中心とした急速に高まった資本需要への対応としてのドイツの諸銀行の設立であり，株式会社の設立である．これは 1840 年代に始まったヨーロッパにおける連絡交通網（水路，道路網，鉄道網）の整備，建設がもたらした輸送量の増大，搬送のスピードアップ，石炭，原棉，鉄の需要増大による経済発展を背景としている．特に，ドイツの原材料，なかでも鉄鋼製品（例えばクルップの鋳鋼軸）は他のヨーロッパの国の競合品に対し競争力を持ち得た．実際，こうした鉱工業の企業では，石炭，鉄，精錬所，加工，配給といったものを統合する結合企業化が進み，この製鉄，採炭の領域から前資本主義的制度が解体し，ここから生み出された「手工業企業」から工場経営への転換が，その後の資本主義における新たな産業企業家の基礎となる．

　工業化の発展にとってその資本需要に対する資本充足を可能とする銀行の出現と株式会社設立は必須の要件である．株式会社は 1870 年の株式改正法によってようやく許認可主義から準則主義へ転換し，その設立が確実かつ容易化された．そればかりでなく，「生産的―資本主義的経済運営のイニシアチブ」[6]が「国家」から工場主，銀行家，大商人の手にゆだねられたことが資本主義の

発展に決定的であった.

　ドイツ資本市場規模の低さを埋め合わせる金融機関，特に銀行からの資金調達が不可欠とされ，資本市場が未発達であることから株式会社の発展が遅れ，有限会社形態などが広く浸透していたことなどが，資本市場からの資金調達に替えて銀行による資金調達が中心となってきた背景である．特に３大銀行と呼ばれる銀行による産業企業への資本投下と役員派遣という金融資本による産業資本支配の構図ができあがる．また，融資銀行が投資の長期的成長性と収益性を求めたため企業間ないし産業間調整が促進された．産業間調整において価格カルテルが中心的な役割を果たし，この価格カルテルが，過度の価格高騰を防ぐという価格を下にコントロールする機能ばかりでなく，「上に」コントロールするという機能を持っていたことも注目される[7]．

　他方，ドイツ産業企業は原材料の輸入，そしてその加工による製品の輸出という原材料輸入，加工品輸出を基調としてきた．当初は，部品，部材の製造とその輸出で，特定の原材料（鉄鉱石，石炭など）についてはドイツ国内から調達したものの，工業化の進展に伴い次第に最終製品に進出し，ヨーロッパ輸出市場において一定の地歩を築き上げていく．

　ドイツがこのように輸出志向であったことは，ドイツ産業企業の外国原料ならびに海外市場への高い依存と同時にドイツ企業の抑制的な植民地展開にみられる．すなわち，すでに進出していたヨーロッパ，特にフランスなどとの植民地獲得競争を回避するという意図から，ドイツの産業企業は植民地獲得ではなく輸出志向であり，市場競争をめぐっては国内的には共生的，外部には攻撃的であるという歴史的経緯が存在した．

　上述したようにドイツの原料工業の競争優位性を梃子に製鉄や採炭の分野で短期間に前資本主義制度が崩壊し，工業化が進展し，1873年までに経済的躍進が成し遂げられた．大規模経営，所有者―経営者の台頭，株式会社の普及などによってドイツ経済構造の構造的変化がもたらされた．

　1930年代初頭には，レッセ・フェールでも，集産主義でもない「第３の道」を模索する経済思想がドイツ経済にあらわれる[8]．これが，「新自由主義」と

して，ドイツ固有の社会経済的背景である資本市場の狭隘化，銀行による産業支配（大銀行から産業企業の監査役会への役員派遣），ユニバーサル・バンク，寄託議決権制度，有限会社数と株式会社数の相対比，利潤最大化，売り上げ最大化の企業行動の否定，2層制からなる経営機構，コンツェルン経営といった今日のドイツ資本主義ならびにドイツ産業企業の根底を基底している．

　この新自由主義はレプケ（W. Röpke），オイケン（W. Eucken）などを中心とした研究者集団によるもので，戦後ドイツの経済復興の経済構想「社会的市場経済制度」の基盤を提供した．その根本的問題意識は，「個人の自由を最大限に保証しうる経済秩序」[9]の構想にあった．この個人の自由を標榜することとレッセ・フェールがどのような点で矛盾するのか．このことについて福田は「レッセ・フェールのパラドックス」[10]という表現で明らかにしていた．すなわち，国家が自由競争の監視を怠った結果，集中化が進み，それに伴う問題解決に向けて干渉主義が生じ，その統制スパイラルが国家による経済支配という集産主義をもたらす[11]，というのである．こうしてアングロ・サクソン流の無邪気なまでの自由主義が実は自由の敵になるのでこれを排除し，それに替えて「拘束のある自由」を提唱する．

　こうした新自由主義による拘束的自由の提唱から約30年ほど遡る1900年前後に，競争制限をめぐってドイツ固有の動きがあった．それが1897年のドイツ帝国最高裁によるカルテルの条件付き容認である．アメリカが独占禁止法のもと，カルテル，トラストを禁止したのに対し，ドイツはこれとは対照的にカルテルの容認を決定した．このカルテルの条件付き容認とは，「『合法的』と認められた利益率の達成が問題なのであって，利潤の最大化が問題なのではない」[12]．なぜ，こうしたカルテル容認がなされたか．その理由の1つが，輸出志向のドイツということが挙げられる．すなわち，アメリカで厳しく排除された価格カルテルそして企業間の「共謀的」談合とは対照的に，輸出志向のドイツにあっては，内部に対しては競争制限などを通じた共生的行動，すなわちカルテルが法的に容認され，外部に対しては攻撃的な行動がとられることが受け入れられた[13]．

このカルテルに加え，コンツェルンが1886年の株式会社における持株会社の設立を契機に普及する．このカルテル，コンツェルンはナチス国家社会主義のもと，産業の集中化と企業集中促進へと展開される．もはやそこには拘束的自由はなく，あるのは全体主義的な国家による強制的統制である．そのもとでカルテル，コンツェルン容認の基調は，ナチス体制崩壊後の，1957年の「競争制限禁止法」の成立まで崩れることはなかった．

しかし，この競争制限禁止法による法的制限は戦後復興過程におけるドイツ経済からの圧力もあり，極めて限定的なものに過ぎず，カルテルも「制御された競争の現代化された合法的形態である企業ネットワーク（コンツェルン）に引き継がれた」[14) のである．そしてこのコンツェルンのもと，資本結合と人的結合から企業結合が一段と強化され，戦後ドイツ産業の基礎を形作ってきた．この企業間結合は多様な人的結合（直接的人的結合，間接的人的結合，多重人的結合などといった高度の人的結合）と絡み合って「ドイツ資本主義モデル」すなわち「協調的経営者資本主義モデル」さらには「協調的制度資本主義モデル」を特徴づけてきている．

3．ドイツ協調的制度資本主義モデルと企業経営

しかし，1990年代にはいると，こうしたドイツ・ビジネスモデルに対する疑念が生じてきた．

その代表的見解が，ツーゲヘア（R. Zugehör）によるもので，「企業を越えた制度としてのドイツ企業間ネットワークは，1990年半ば以降，その意義を失っている．企業が自己の行動を人的結合や資本結合によって調整しようとしなくなればなるほど，……経営者が株主によってコントロールされるようになればなるほど，……ドイツ『協調的資本主義』はアングロ・サクソン流の『競争的資本主義』へと近づく」[15) のである．この見解については，「近づく」ということの意味をどう捉えるかを含め，意見が分かれる．いずれにせよ，ドイツ・ビジネスモデルはアングロ・サクソン・モデルに近接し，ドイツ的色彩が希釈になってきているのではないか，というのがその主旨である．このことはドイ

ツにおける銀行と産業との関係に再考を迫るもので，資本主義類型の経営者資本主義から制度資本主義への移行に暗示される．そこでは経営者から法人に所有が移転し，投資ファンドが銀行にとって代わった．その結果，ドイツの銀行による産業企業への資本参加と役員派遣の後退，労使協調型経営の伝統のもとでとられてきたステークホルダー的企業統治から市場志向的企業統治へのシフトが目に付くようになった．こうしたことをもって，直ちにドイツ・ビジネスモデルの消失を結論付けることはできない．ファンドからの圧力が高まる中でも，出資者，すなわち株主の利益だけを考える「利益一元的な企業経営」のアングロ・サクソン型利潤追求は受け入れることはできない．なぜなら，ドイツにおいては「株主と被用者の利益が『企業の利益』の基準点をなす」[16] ことに変わりがないからである．

　要するに，取締役は株主に責任を負わない（株主利益のための経営を追求しない）．その代わり，株主利益と労働者（従業員）の利益の調和が図られた「会社の利益」の追求であって，株主利益に還元されず，株主利益と対立する「会社の利益」の追求が企業の指導原理となっている．この指導原理に従って取締役会と監査役会の2つの機関は2層的経営機構によって協働している．

　またドイツの伝産業企業において伝統となってきた銀行からの役員派遣についても，たしかに直接的人的結合（一次的結合）は減少傾向にあるものの，それにとって代わって間接的人的結合（誘導的結合）がはたしている機能に注目する必要がある．なるほど，その場合でも，銀行による人的結合以上に産業資本による産業資本への人的結合が台頭してきていること，そうしたなかで間接的人的結合の量的増加がそれほどではないにしても，その広がりの範囲は企業を越え，同一産業を越え，異種産業に及んで，いまや「社会的ネットワーク」としての性格を帯びてきている．すなわち銀行それ自体の支配力，影響力の減退は否めないにしても，ドイツ産業において直接・間接に結びつけられた役員ネットワークによって人的結合が，今なお大きな影響力を行使する手段であることに変わりはない．その意味で，ドイツの伝統は「資本参加と取締役の交換によるネットワーク」の人的結合に受け継がれているといえよう．

4. 2つの経済体制から共生的資本主義へのSDGs

　ここで上述した資本主義的類型としての「経営者資本主義」,「制度資本主義」ではなく,資本主義と集産主義(社会主義)という対極的な視点から,経済体制と経営類型をみていくことにしよう.

　かつてグーテンベルク(E. Gutenberg)が技術特性である体制無関連的な要素投入量間(要素投入量と産出量との関係)の最小費用結合(経済性原理)問題を理論の出発点に置いた.この経営的給付生産の生産理論は体制無関連的事実としての「純粋な量的関係」[17],つまり生産の技術的与件によって決定される要素投入量間の比率は,体制のいかんにかかわらず,また時代を越えて当てはまるものであった[18].これら(対象関連的)労働給付,経営手段,原材料から構成される基本的要素に対し,経営—営業給付としての処理的労働である処理的要素も体制無関連的事実として識別された.この処理的労働の担い手である経営指導者は,生産(給付生産)が販売(給付販売)と財務と調和を維持するように,必然的に特定の経済体制に適合的であるように選択する要素として,つまり体制無関連的事実である生産過程において体制関連的な影響を受ける経営指導者として現れる.

　この体制無関連的事実から完全には脱却していない経営指導者を体制関連的事実の座標に据えることで,その経済体制に固有の経営者像を浮かび上がらせる.つまり,体制無関連的事実は「経済体制の社会的および精神的根拠に基づく事実」である体制関連的事実によって補完されることで,完全な構成体を結実するのである.「生産諸要素」「経済性原理」「財務的均衡原理」といった体制無関連的事実が,「単独決定原理」「自律原理」(経営を自らの計画と危険とにおいて行う人間と国家的またはその他の上位の経営管理地位との間に成立する関係)「営利経済的原理」といった体制関連的事実の3つの座評価値によって補完されることによって「資本主義的経営類型」としての企業が得られる.また,「器官原理」(自由経済と自由社会秩序の特質である個人主義的地位を放棄する精神的態度の経済的表現)「計画給付生産の原理」といった体制関連的事実によって補完され

るとき，「集産主義的経営類型」としての経営が得られる．「資本主義的経営類型」は資本主義的企業を，「集産主義的経営類型」は社会主義企業をあらわしており，最高度の補完要求的関係によって得られる資本主義的経営類型も集産主義的経営類型も「純粋」類型であって理念型である[19]．この2つの経済体制を前提とした体制関連的事実から導き出された純粋形態の企業類型の他にも，混合形態のものも排除するものではない．メンラッド（S. Menrad）は2つの純粋形態と5つの混合形態を挙げていた[20]．

　ここで注目されるのは，グーテンベルクが体制的関連事実として直接前提にしていた資本主義，すなわち市場経済体制は，オイケン流の社会的市場であったという点である．第2次世界大戦直後のドイツの生産復興期における，国家分断に伴う生産設備・原材料の不均衡，燃料・労働力・エネルギーの不足に伴う操業変動（強度による適応，時間的適応，量的適応）への対応といった困難に直面しつつ，当初の占領政策から産業復興への転換を受けて，競争関係にある企業というよりは協調関係にある企業という色彩が強かった．その意味ではグーテンベルクが示した指導原理「営利経済的原理」より利潤追求に抑制的であり，「純粋」の資本主義的経営類型としての「企業」からはそれたものとなっていた．しかし，戦後復興経済の順調な進展により，ドイツが再び世界の強国になるのにさほど時間はかからなかった．コンツェルンによるコンツェルンのM＆A，グローバル化の進展，1990年10月のドイツ統一といった慌ただしい動きの中で，ドイツ企業はアングロ・サクソン・モデルとは一線を画する形でさらに成長を遂げた．ベルリンの壁の崩壊，ドイツの統一は集産主義的経営類型，ドイツ社会主義企業の競争力の喪失に端を発している．もはや，集産主義的経営類型が市場競争において劣勢を回復することはできない．その意味で，モデル設計と選択は，資本主義的経営類型内でのことになる．同じ資本主義的経営類型にあるアングロ・サクソン・モデルとドイツ・ビジネスモデルは異なり，状況によっては予想しない反発を招くことすらあった．例えば，世紀の大合併としてもてはやされたダイムラーとクライスラーの合併は，1998年に合併調印しダイムラー・クライスラー自動車会社が誕生し，それから10年もた

たない 2007 年には合併解消する羽目になった．その最大の要因は，ドイツ・ビジネスモデルとアングロ・サクソン・モデルとの不調和ともいわれ，ドイツの経営がアングロ・サクソン・モデルにかなり近づいてきているといわれながらも，現実にはまだまだ溝が埋められないままとなっているということである．その一方で，2000 年 2 月の英国の携帯電話会社ボーダフォンによるドイツのマンネスマンの買収は，市場価値である株主価値を重視したボーダフォンか，被用者と雇用者両者の視点に立つ企業価値を重視するマンネスマンかの対立であり，最終的に株主重視（マンネスマンの 80％の株主がボーダフォンの提示した株式交換に合意）で決着し友好的買収が実現している．ドイツ制度資本主義化が進む中で，市場原理による株主価値重視がドイツの企業行動でも無視できない状況にあることの表れである．その意味で，ドイツ資本主義の制度資本主義化のもとで株主価値重視が進みながらも，ドイツ固有の体制関連的事実としての指標が今なお厳然と存在し，時にはアングロ・サクソン・モデルとは明確に識別されるドイツ・ビジネスモデルが浮かび上がらせている．

　もっとも，ドイツ資本主義はアメリカのそれとばかりでなく，他のヨーロッパ諸国の資本主義とも異なった形で発展してきた．ヨーロッパ資本主義も，英米型のイギリス，ラテン型のベルギー，フランス，イタリア，フィンランドそしてドイツ型のオーストリア，オランダ，ドイツに分けられ，この 3 つのグループ間に違いがある．さらに細かくみると，同じドイツ型に属するオーストリアとドイツの間でさえ，文化的，法制度的な違いから生み出された差異があることは否定できない．こうした差異の存在を前提にしても，ドイツ・ビジネスモデルは今なお，以下のように際立った特徴を持つといえる．

　それは，2 層的経営機構が組み込まれた従属企業のコンツェルン企業群で構成されている法的単位ではなく，経済的単位としての企業結合単位であるコンツェルン形態をとる企業が大企業では圧倒的な部分を占めているという点である．1965 年のドイツ新株式法によってコンツェルン法の体系的立法化が図られ，支配企業と従属企業からなり（垂直的コンツェルン），またそれらの間に支配契約（企業契約も含む）がある契約コンツェルンか，それともそのような契約

が存在しない事実上のコンツェルンかが識別され，そこに統一的指揮に服する従属企業が存在するといったことで，他のヨーロッパの国々から区別される．垂直的コンツェルンでは親会社（支配会社・上位会社）は子会社（従属会社・下位会社）に対する資本持分者として支配力を発揮でき，コンツェルンはこうした資本関係（「資本結合」関係）が前提とされた企業結合であり，これを補完・強化するための管理道具が「人的結合」であった．この人的結合の減退は直接的人的結合（一次結合）であり，間接的人的結合（二次的結合・誘導的結合）はむしろ企業という範囲を超え，産業をまたいで広く社会へ拡大してきている．こうしてコンツェルンを原点に形成された役員の社会的兼任ネットワークの持つ社会的意味は大きく[21]，これまでのドイツ『協調的資本主義』を越え，新たな段階に入ったと理解することができよう．これは単なるドイツ『協調的資本主義』とアングロ・サクソン流『競争的資本主義』の収斂をもたらすものではなく，社会的ネットワークを通じて獲得される「社会的関係資本」の創出を基本とするもので「共生資本主義」への道に通じるものである[22]．キリスト教的人間観のもと，個人の自由と尊厳を基調とした「社会的市場」を原初形態とし，「協調的経営者資本主義」さらには「協調的制度資本主義」という発展の中で生み出されたこの社会的関係資本が社会にもたらす意義は，今般のSDGsの議論と重ね合わせることで新たな発見もできよう．

　2015年9月の国連サミットで決定された国際社会の目標であるSDGs（持続可能な開発目標）は，一企業の経営課題を超えた貧困・教育・環境破壊・平和といった広範囲に及ぶ範囲を内容とする．したがって，GSR（企業の社会的責任）とは明確に区別されるものであるが，世界的規模の，いわゆる地球号の乗組員が向かうべきはるかかなたの未来への道標に従って，個々の企業が具体的な経営課題に取り組み，目標を達成することが雇用の拡大，GDP，市場の成長となるという考え方である．その実現可能性と理論的基礎付けにはなお検討の余地がある．そうした点をここでは，とりあえず等閑視して，上述した，社会的ネットワークを通じて獲得される「社会的関係資本」を基礎とする「共生資本主義」の道から大きく逸れるものではない．

1)　ハロルド・U・フォークナー著／小原敬士訳『アメリカ経済史（下）』，至誠堂，1969年，549頁以降参照.

2)　ハロルド・U・フォークナー著／小原敬士訳，同上書，557頁参照.

3)　佐藤一雄『アメリカ反トラスト法―独占禁止政策の理論と実務―』，青林書院，1998年，312頁以降参照.

4)　鳥羽欽一郎『企業発展の史的研究』，ダイヤモンド社，1970年，293頁.

5)　ヘルムート・ベーメ著／大野英二・藤本建夫訳『現代ドイツ社会経済史序説』未来社，1976年，12頁.

6)　ヘルムート・ベーメ著／大野英二・藤本建夫訳，同上書，72頁.

7)　チャンドラー著／安部悦生・川辺信夫・工藤章・日高千景・西牟田祐二・山口一臣ほか訳『スケール　アンド　スコープ』，有斐閣，1993年，508頁.

8)　「新自由主義」についての記述は，福田敏浩「ドイツ新自由主義の第3の道(1)―レッセ・フェールと集産主義を超えて―」，彦根論叢，第333号，2001年に，多くを負っている.

9)　福田敏浩，同上27頁.

10)　福田敏浩，同上31頁.

11)　福田敏浩，同上31-32頁.

12)　Windolf, P., J, Beyer, Kooperativer Kapitalismus Unternehmungsverflechtungen im internationalen Vergleich, *Kölner Zeitschrift für Soziologie und Sozialpychologie*, Jg. 47, Heft 1995, S. 2.

13)　Vgl. Wiindolf, P., J, Beyer, ibid.

14)　Wiindolf, P., J, Beyer, ibid, S. 3.

15)　Zugehör, R, *Die Zukunft des rheinischen Kapitalismus―Unternehmen zwischen Kapitalmarkt und Mitbestimmung*, 2003, ライナー・ツーゲハウ著／風間信隆監訳，風間信隆・松田健・清水一之訳『ライン型資本主義の将来―資本市場・共同決定・企業統治―』文眞堂，2008年，59頁.

16)　加治敏雄「『企業の利益』の具体化と株式会社の指導原理」商学論纂（中央大学），第57巻，第1・2号，2015年9月，57頁.

17)　Gutenberg, E. Zum, Methodenstreit", *ZfhF, N. F.*, 5. Jg., 1953, 343.

18)　Gutenberg, E. *Grundlagen der Betriebswirtschaftslehre, Bd. I* Produktion, 2Aufl., 1954.（溝口一雄・高田馨訳『経営経済学原理　第1巻『生産編』千倉書房，1977年，225頁.）

19)　E. Gutenberg, 同上，322，337，340，342頁.

20)　Vgl. Menrad, S. Anmerkungen zu Gutenbers System der Betriebstypen, *ZfB Jg.*, Nr. 8. 1968, S. 572-575.

21)　取引費用理論を基礎に複合的人的兼任構造を分析してきたプファンシュミット

（A. Pfannschmidt）は，兼任役員論は取引費用理論が想定していなかった範囲を含んだ，取引費用理論を超えたものであると結論付けていた（A. Pfannschmidt, *Personelle Verflechtungen über Aufsichtsräte,* 1993）．なお，高橋宏幸「コンツェルンの発展と複合的人的結合関係の変容―Armo Pfannschmidt の所論に関連して―」企業研究，第40号，2022年2月がこれについて触れている．

22) 社会的ネットワークによって作り出される「社会的関係資本」という考え方は，金光淳『社会ネットワーク分析の基礎―社会的関係資本論に向けて―』，勁草書房，2003年，特に第9章以降を参照．なおこれに類似した考え方として，宇沢弘文の「社会的共通資本」（宇沢弘文『自動車の社会的費用』〈岩波新書〉岩波書店，1974年）が注目される．

第9章　日本産業再建の課題とSDGs

村　上　研　一

〈第9章のポイント〉
① 日本の輸出依存的「経済大国」化は，国際競争力強化を優先して雇用・賃金を抑制したことから，内需の停滞を伴うものであった．
② 新自由主義的改革に伴う短期収益性志向の「財務の経営」の広がりは，中長期観点からの投資や研究開発を抑制し，産業競争力の衰退につながった．
③ 日本経済の停滞・衰退状況を脱却し，人々の生活改善に資する産業供給力の形成を図る上で，SDGsは重要な方向性をさし示すものと考えられる．

　近年の日本は経済成長率や賃金上昇率の伸び悩みが顕著で，購買力平価基準の一人当たりGDPについての比較でも国際的地位を低下させている．また2010年代には貿易赤字が常態化し，今日では金利水準とともに貿易赤字が円安を促進し，物価高騰を招いて人々の生活を圧迫している．本章では，こうした日本産業・経済の停滞・衰退の要因を明らかにした上で，再建の課題について検討する．

　日本経済は高度経済成長の終焉後，電機・自動車などの輸出拡大を主軸に

「経済大国」化したが，1990年代以降は停滞が続いている．日本経済の停滞・衰退の要因を需要・供給両面から検討すると，国際競争力を最優先し，短期収益性を追求する企業経営の問題点に逢着する．したがって社会的・人類的課題を重視するSDGsの追求は，日本経済の停滞状況からの脱却，そして人々の生活改善に資するような産業供給力の再建を展望する上で重要な指針になると考えられる．

1．現代日本経済の諸課題

1990年代以降の所謂「失われた30年」を経て，近年では日本経済の停滞と国際的地位の低下が顕在化してきている．2019年の一人当たり実質賃金指数（1991年＝100）は英国148，米国141，ドイツとフランスがともに134と，いずれも上昇しているのに対して，日本は105とほぼ横ばいである[1]．また，主要国の購買力平価基準の一人当たりGDPの推移を示した図1をみると，90年代に日本はドイツやフランス，イタリアとともに米国に次ぐ2位グループにあったが，2000年代に英国に逆転された後，これら欧州各国を下回り，08-09

図1　各国の一人当たりGDP（購買力平価基準）の推移

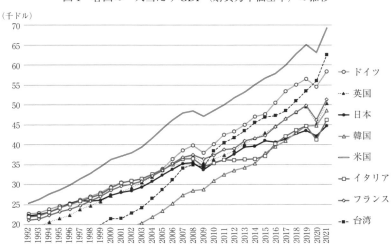

（出所）「IMF世界経済見通し」各年版より作成

年世界不況を経て台湾に逆転されている．さらに 10 年代に日本の一人当たり
GDP の伸びはイタリアとともに低迷し，19 年には韓国に逆転され，コロナ禍
を経た 21 年には表出した諸国・地域の中で最低の水準となっている．

　一方，図 2 に示したように，日本の貿易収支は 2011 年に 31 年ぶりに赤字に
陥った後，2016・17・20 年を除いて 10 年代には赤字が常態化している．図 2
では 1980 年代後半以降，輸出が先導して輸出入額とも増加を続けてきたが，
08-09 年世界不況下の落ち込みを経て 10 年代には輸出額が落ち込んだ一方で，
輸入額が輸出額を上回る年が増えている．なお，21 年後半からは世界的物価
上昇とともに円安が急伸し，日本では輸入品価格が上昇している．日本の貿易
収支は 21 年下半期に 2.5 兆円，22 年通年では過去最高の 20.0 兆円の貿易赤字
を記録している．国際商品価格高騰と円安によって輸入額が増加した一方で輸
出が伸びず貿易赤字が拡大しているが，貿易赤字は円安の要因にもなり，貿易

図 2　輸出入額の推移

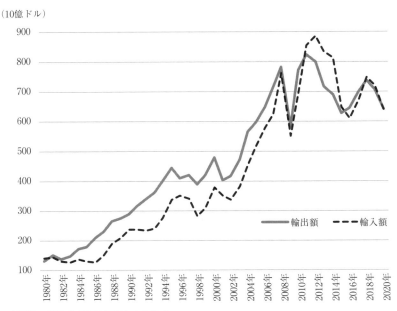

（出所）　財務省「貿易統計」より作成

赤字と円安がスパイラル的に進行する中で物価上昇が進んでいる．かつての日本では，円安が進むと輸出が増加して国内の生産と雇用の拡大につながったが，10年代以降は円安でも輸出が伸びなくなった．このように近年，円安が国内生産や雇用，賃金の増加につながらない一方，輸入品を中心に物価上昇を招いており，コロナ禍を経て続く景気低迷とインフレが併存するスタグフレーションに陥ることが懸念される．

　このように，日本経済の停滞状況が顕在化しているが，内需を支える賃金の停滞とともに，常態化する貿易赤字，とりわけ円安下の輸出停滞に象徴される国内産業の競争力・供給力の衰退が明らかになってきている．本章では，高度成長期以来の日本産業の性格を踏まえ，近年の衰退を招いた要因を明らかにした上で，国内産業再建のための課題について考察したい．

2．日本の「経済大国」化と内需停滞

　現代日本の輸出額の大半は重化学工業製品の輸出である．日本重化学工業は年平均10％に迫る実質経済成長率が続いた1955-73年の高度成長期に形成された．高度成長期，米国を中心に欧米技術を導入した新鋭・大型設備を用いて，資源輸入に便利な臨海部に重化学工業地帯が形成された．当時の日本では，豊富な若年労働力，とりわけ所得水準の低い農村出身の労働力を活用することで国際競争力を獲得し，重化学工業の生産能力は急拡大を遂げた．高度成長期の生産能力拡大は鉄鋼を含む金属や化学工業など素材産業が中心だったが，当時導入された新鋭設備は大規模生産を前提としていたことから，素材産業の生産能力は国内需要を上回る水準となり，輸出拡大が成長に不可欠であった．例えば日本の粗鋼生産量は高度成長末期の70年代初頭に米ソ両超大国に匹敵する水準まで増加したが，70年の粗鋼生産高約9,332万トンに対して国内の粗鋼見掛消費量は約6,988万トンに過ぎず，粗鋼生産の約4分の1が輸出されていた．こうした日本経済の高度成長に関連して，冷戦下アジアにおける「反共の防波堤」として日本資本主義の成長・発展を支援した米国の世界戦略のもと，日本の技術導入，輸入資源調達，海外販売が許容されたことは見過ご

せない.

　1970 年代初頭，金ドル交換の停止，主要国の変動為替相場制移行，オイル
ショックなどを経て，先進各国の高度成長は終焉し，インフレと不況が併存す
るスタグフレーションに陥った．日本の実質経済成長率も 74 年度に戦後初の
マイナス成長となったが，その後は 75 年度 4.0％，76 年度 3.8％，77 年度
4.5％，78 年度 5.4％，79 年度 5.1％といち早く停滞を脱し，80 年代まで概ね
4-6％前後と，他の先進各国を上回る成長を遂げた．また，一人当たり GDP
も 70 年代前半には米国の約 3 分の 2 の水準であったが，80 年代後半に米国と
並ぶ水準に達し，「経済大国」化を果たした.

　こうした 1970 年代から 80 年代の日本の経済成長をリードしたのが，電機・
自動車産業を中心とする輸出拡大だった．75 年から 85 年にかけて実質国内総
生産は 2.23 倍に増加したが，支出項目別には固定資本形成が 1.80 倍，民間最
終消費が 2.19 倍の伸びだったのに対して，輸出は 2.28 倍に拡大した．また，
輸出総額の伸びに対する電機・自動車産業合計の輸出額拡大の寄与率は 70 年
代後半，80 年代前半ともに約 80％となった．こうした電機・自動車産業の輸
出拡大を可能としたのが，「減量経営」を通じたコストダウンである．多くの
従業員と多数の下請企業を抱える電機・自動車メーカーは生産を急拡大させた
が，長期継続的で支配・従属関係の強い労使関係・企業間関係を特徴とする日
本的経営を前提に，長時間・過密労働を伴う労働者の生産性向上への協力，下
請単価切下げや納期柔軟化など下請企業の親メーカーへの協力を通じて，雇
用・労賃の抑制を含めたコストダウンを達成した[2]．このようにコストダウン
を実現した「減量経営」下の輸出産業では，生産拡大に比して雇用の伸びが抑
制されたが，雇用抑制は国内生産量の伸びに比して内需の伸びが小さくなるこ
とを意味し，電機・自動車産業の成長にとって輸出拡大が不可欠となった[3]．
当時，日本から輸出された自動車や電機製品は，「集中豪雨的輸出」となって
欧米市場を席巻し，日米・日欧間に貿易不均衡をもたらし，貿易摩擦問題を招
来した.

　こうして 1980 年代，電機・自動車両産業を主軸に輸出依存的「経済大国」

となった日本産業・経済の性格と特質について検討しよう.

第1に,図3に示された,食料・エネルギー・資源の貿易赤字拡大と機械・金属製品の貿易黒字拡大,すなわち後者の黒字によって獲得された外貨によって前者の赤字が賄われる貿易構造である.日本重化学工業は高度成長期以来,資源・エネルギーの輸入依存を前提とし,高度成長期に大型化設備投資を行った素材産業,さらに「減量経営」を通じて雇用を抑制しつつ生産量を拡大させた電機・自動車産業では輸出拡大が成長の条件となった.さらに,日本からの工業製品の「集中豪雨的輸出」によって日米・日欧貿易摩擦が深刻化する中,貿易不均衡是正のため欧米からの日本市場開放が迫られた結果,食料輸入が拡大し,今日では日本のカロリーベースでの食料自給率は38％まで低下している.図3では1985年以降2000年代まで,機械・金属の貿易黒字額が食料・エネルギー・資源の貿易赤字額を上回り,貿易収支総額も黒字が続いている.

第2に,リーディング産業である電機・自動車産業は輸出依存性が深まっていったため,企業経営,さらに政策的にも輸出競争力強化が優先された.こうした観点に立つと,賃金は内需につながる面よりもコストとして捉えられるた

図3 日本の貿易収支の推移

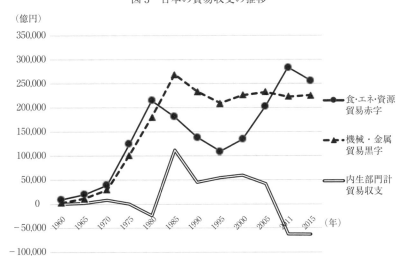

（出所） 各年の産業連関表より作成

め，円安とともに賃金コスト削減が志向され，国内購買力は抑制される傾向が続いた．例えば今日，トヨタ自動車の世界販売台数は約 1,000 万台であるが，日本市場向けは約 20％に過ぎず，顧客の 8 割は国外在住ということになる．1980 年代末のバブル期には内需拡大がみられたが，バブル崩壊後の 90 年代に国内市場が停滞し，アジア諸国がライバルとして台頭してくると，輸出産業は一層のコスト削減を迫られた．95 年に非正規雇用の拡大を図る日経連「新時代の「日本的経営」」が発表され，政府も 96 年に労働者派遣の対象職種拡大，99 年に派遣職種の原則自由化，03 年に製造現場への派遣労働解禁など労働者派遣法改定を進め，非正規雇用が増大した．さらに，後述するように，新自由主義的制度改革を通じて短期収益性を追求する「財務の経営」が広がったが，収益性の観点からも，昇給が小さく，企業側の都合で雇い止め可能な非正規雇用の利用が広がっていった．こうして，全就業者に占める非正規雇用者の比率は 95 年 20.8％から 00 年 25.8％，05 年 32.2％，10 年 33.6％と増え続け，14 年以降は 37-38％前後の水準となっている．

　本章冒頭で述べたように，国際的にみても日本の賃金停滞が顕著であるが，低賃金・不安定な非正規雇用者の比率が増大し続けたことが，平均賃金が停滞している主因に他ならない．図 4 には，「家計調査」に示された実収入指数，消費支出指数と消費者物価指数の推移を示しているが，1990 年代末以降，消費者物価が停滞する中，実収入と消費支出が大きく落ち込んでおり，実質所得と実質消費水準の低下，すなわち内需の減退傾向を示している．このような人々の生活困窮の広がりは，図 5 に示したように，より安価な輸入消費財の浸透を招き，国内の内需向け産業を圧迫し，国内産業の供給力衰退を招いた点も看過できない．

　1990 年代末以降の行政改革，「小さな政府」志向は企業の税負担軽減につながり，コストダウンを優先する企業経営を支援した．政府の社会保障支出が抑制される中で，児童手当や教育費など家族向け社会支出への公的負担は先進国で最低レベルに据え置かれた．したがって，生活保障の前提となってきた年功賃金を得られない非正規雇用者は，経済的理由で結婚や子育てを諦めざるを得

図4　消費者物価・実収入・消費支出の推移（2000 年 = 100）

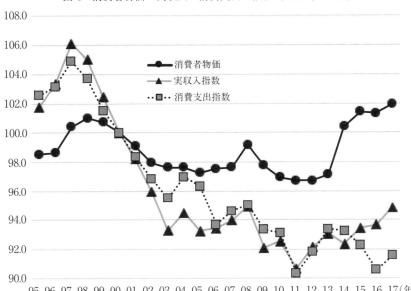

（注）1　実収入と家計支出は二人以上・勤労世帯について
　　　2　消費者物価指数は年平均・総合指数
（出所）「家計調査」および「消費者物価指数」より作成

　ない状況に追い込まれ，急速に少子化が進んだ．2010 年に厚労省が行った調査では，30 代男性に占める未婚者の割合は，正規雇用者で 30.7％であるのに対して，非正規雇用者では 75.6％と大幅に高くなっている．

　一方，とりわけ母子家庭に占める貧困世帯の割合が約 6 割に及び，約 6 人に 1 人の子どもが貧困状態に陥るなど，格差・貧困の固定化と世代間再生産の問題も広く認識されるようになった．また 2000 年代には「小さな政府」の一環としての市町村合併を通じた自治体リストラ，公務員の削減も続いた．こうして地方で正規雇用の職が減少し，出生率が低い首都圏への人口集中が進んだことで，少子化が一層促進された[4]．00 年代前半生まれの世代の人口は，親世代にあたる 70 年代前半生まれの団塊ジュニア世代の人口の約 3 分の 2 の水準に留まり，20 年代以降は出産可能な世代の人口自体が大幅に減少していくこと

図 5　国内消費財購入額に占める輸入品浸透率の推移

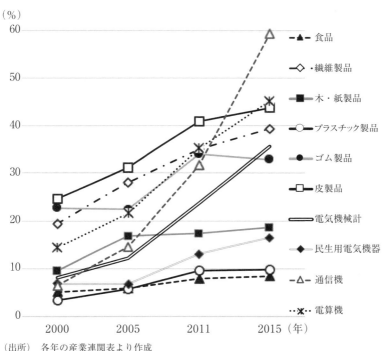

（出所）　各年の産業連関表より作成

が予測されるため，急速に進む人口減少の克服は極めて難しい状況となってい
る．上述のような人々の生活の困窮化とともに，少子化と人口減少が内需の停
滞・減退を招き，日本経済の需要面での衰退につながっていることは明白であ
る．

3．新自由主義・「財務の経営」と供給力衰退

　先述したように 2010 年代日本では貿易赤字が常態化したが，図 6 に品目別
貿易収支の動向を示した．これをみると，鉱物性燃料輸入額の拡大が貿易赤字
拡大の直接的要因であるとともに，輸送用機器・一般機械・電気機器の貿易黒
字額が停滞・縮小している．とりわけ電気機器の貿易収支は，08 年までは 7
兆円前後の黒字であったが 10 年代に急減し，10 年代半ば以降は 1 兆円強の水

図 6 主な品目別貿易収支の推移

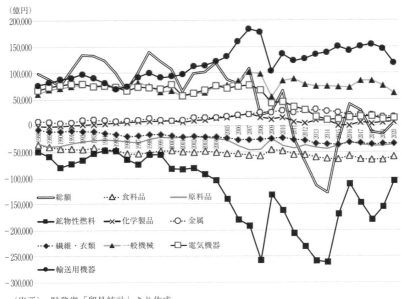

（億円）

凡例：
総額 ··△·· 食料品 ── 原料品
──■── 鉱物性燃料 ──×── 化学製品 ··○·· 金属
··◆·· 繊維・衣類 ──▲── 一般機械 ──□── 電気機器
──●── 輸送用機器

（出所） 財務省「貿易統計」より作成

準まで低下している．一方，食料品や繊維・衣類など消費財の貿易赤字額も着
実に増大している．

　電気機器の品目別貿易収支を図 7 に示したが，1990 年代初頭に 1.5 兆円ほど
の貿易黒字だった電算機類（含周辺機器）は 00 年代以降，1 兆円弱の貿易黒字
だった通信機は 00 年代後半以降，さらに約 3 兆円の貿易黒字だった音響映像
機器（含部品）も 10 年代には貿易赤字に転じ，以後，いずれも赤字額は拡大し
ている．これら情報通信関連製品の貿易赤字額の合計は現在，約 5 兆円に拡大
し，電気機器の貿易黒字縮小の主因となっている．また，00 年代まで毎年 2
兆円超の貿易黒字だった半導体等電子部品は，10 年代前半に黒字額が急減し
て 14 年 8,198 億円となったが，その後は若干増加している．このような製品・
部品双方の国際競争力低下によって，電気機器全体の貿易黒字の縮減につな
がったものと捉えられる．

図 7　電気機器の品目別貿易収支の推移

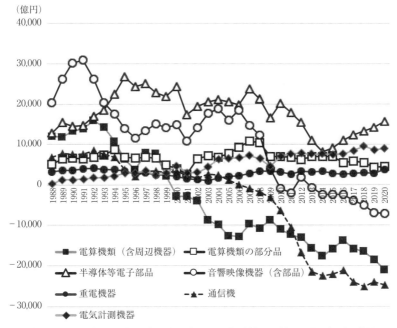

（注）「貿易統計」では「一般機器」に含まれる「電算機類（含周辺機器）」「電算機類の
　　　部分品」も掲載した.
（出所）財務省「貿易統計」より作成

　一方，自動車産業について，四輪自動車の国内生産・輸出・海外生産台数と
部品輸出数量の推移を図 8 に示した．図 8 では 2000 年代まで海外生産と部品
輸出が並行して拡大していたが，08-09 年不況で輸出と生産全体が落ち込んだ
後の 10 年代，海外生産がさらに増大した一方で部品輸出は停滞している．こ
うした動向は，10 年代に中国など新興国が世界の主要自動車市場となる中で，
日本自動車メーカーが海外生産拠点での部品の現地調達，サプライチェーンご
との海外展開，所謂「深層現調化」[5] を進めたことを反映している．このよう
に 10 年代，日本自動車産業の国内生産基盤は急速に空洞化した．
　このような日本産業の国際競争力衰退・空洞化の要因に関して，1990 年代
末以降に進められた新自由主義的制度改革による影響が指摘できる．冷戦終結

図 8　四輪自動車の国内・海外生産・輸出台数，部品輸出指数の推移
（2005 年 = 100）

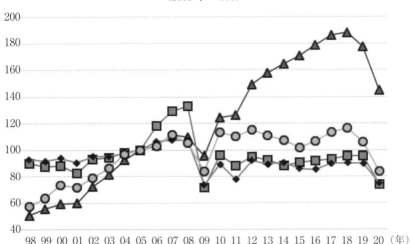

（出所）　財務省「貿易統計」および日本自動車工業会資料より作成

後の 93 年に登場した米国クリントン政権は，冷戦終結後の世界市場での米国産業・企業の経済覇権強化を追求して日本企業をライバル視し，貿易不均衡是正や市場開放，さらには日本経済・社会の諸制度改革など対日要求を強めた．94 年以降 08 年までの毎年，「年次改革要望書」を通じて日本経済，社会のあらゆる領域について，米国流の制度改革が要求され，日本政府はこれらに従って「改革」を推し進めた．「年次改革要望書」を通じて要求され，日本政府によって実施された制度改革は，独占禁止法改正と持ち株会社解禁，大規模小売店舗法廃止，労働者派遣法の改定による派遣可能職種の拡大，健康保険の本人負担拡大，郵政民営化，法科大学院設置と司法制度改革，不良債権の直接処理，会社法制定など多岐にわたる[6]．

　こうした制度改革について，日本産業の競争力衰退に関連して注目されるのは，時価会計を基本とする会計制度改革，株主利益が反映されやすく，またM&A を容易とする企業ガバナンス改革，不良債権の直接処理の強行である．

時価会計では株式を売却した場合の現在価値が企業評価の基準となり，また株価が低下すると買収されやすくなることから，経営者にとって，企業の収益性とその期待に対する市場での評価としての株価水準が重要になる．また，持ち分をいつでも転売可能な株主は短期的収益性で企業価値を評価しがちになり，経営者も単年度，さらには四半期単位での利益拡大に努め，配当や株高によって株主に報いることを志向するようになる．さらに 2000 年代の不良債権処理では，金融庁が銀行に対して，短期収益性指標に基づいて貸出先を選別し，利益のあがらない貸出先の倒産を促したことにより，企業は短期収益性の向上を迫られるようになった．

　以上の制度改革を通じて，多くの日本企業に短期収益性を追求する所謂「財務の経営」が広がっていった．「財務の経営」では，短期収益性志向，すなわち「今，儲かる」分野のみが注力され，中長期的観点からの投資や研究開発が抑制される傾向になる[7]．また，1999 年には会社分割法制が制定されていたことから，00 年代の不良債権処理の過程で，不採算部門の分社化・リストラを進める企業が増加した．とりわけ総合電機メーカーでは，韓国・台湾企業などが台頭し，国際競争が激化してきた半導体事業をはじめ収益性が下がった部門の分社化・リストラを進め，また人件費の低廉なアジア企業との提携が進められた．こうした分社化や人員削減，国際的提携を通じた経営改革が進められる中で，人員整理の対象となった技術者を中心に多くの人材が提携先の韓国・台湾メーカーに移籍し，研究開発能力や生産技術が流出した[8]．なお，米国式ガバナンスをいち早く取り入れた東芝で，不採算事業を含めた関連事業が次々に売却される一方，各事業部門は経営陣から短期的収益性向上を求める強硬なチャレンジを受けたために粉飾決算を行い，経営破綻に至ったことは，短期的収益を追求する「財務の経営」が中長期的に産業競争力・供給力の衰退を招いた現実を象徴している[9]．

　一方，短期収益性志向の「財務の経営」では，研究成果がすぐに収益に結び付くとは限らない研究開発人材や，技術・ノウハウが継承されてきた生産現場での長期雇用が軽視されがちになり，コスト削減の観点から期間付き雇用であ

る非正規雇用の拡大につながった．また，国内で長期的に取引関係が維持されてきた下請・系列関係が見直され，より生産コストの安価な海外サプライチェーンの構築と拡充が進められ，上述した自動車産業における「深層現調化」に象徴されるように，国内産業の空洞化が一層深化することになった．こうした雇用とサプライチェーンの再編は，先述した非正規雇用拡大による内需減退を促進するとともに，生産技術の流出・空洞化によって国内産業の競争力・供給力衰退にも帰結した．

このように，新自由主義的改革とそれがもたらした短期収益性志向の「財務の経営」によって，日本経済は需要・供給の両面で衰退状況に陥ったことが明らかである．

4．産業再建の課題とSDGs

さいごに，こうした日本経済の衰退状況を直視し，人々の生活と雇用の安定に資する日本産業の再建に向けた課題を検討しよう．「新自由主義からの転換」を展望する議論の中で，最低賃金引上げなど労働条件改善や，所得再分配を通じて貧困・格差を克服し，内需の拡充によって国内経済の再建を図る主張が広がっている．もちろん，日本経済の需要面の衰退に対してこうした改革の意義は大きいが，国内産業の競争力・供給力衰退と図5に示した輸入品の浸透によって貿易赤字が常態化している今日，国内供給力の再建なき内需拡充は，貿易赤字のさらなる拡大と円安の進行，輸入物価上昇による物価高騰を招きかねない．2022年以降の円安と物価上昇は，こうした懸念が現実化していることを認識させる事態と捉えられ，国内供給力の再建が不可欠であることを物語っている．

日本で再建すべき供給力として，従来は輸入依存が前提されてきたエネルギーと食料の自給と地産地消が図られるべきであろう．従来の「経済大国」日本では，電機・自動車など重化学工業の貿易黒字を通して獲得する外貨を前提に，エネルギーと食料の大量輸入が続けられてきた．しかしながら，輸出産業の国際競争力・国内供給力の衰退によって貿易黒字が得られなくなった現状で

は，大量のエネルギー・食料の輸入を継続することは困難であり，エネルギー・食料の国内生産の拡大，さらに配送・輸送上のロスや環境負担を考慮すると地産地消がのぞましい．とりわけエネルギー分野については，省エネ・再生可能エネルギー技術の発展によって，エネルギー自給による化石燃料輸入の克服とともに，2050年温暖化ガス排出ゼロという人類的課題の達成が見通せるような技術的条件が整えられている[10]．こうした技術的条件を十分に活用し，地域における食料とエネルギーの生産と地域内供給によって，持続可能な供給力の形成が図られるべきである．なお，食料・エネルギーの地産地消の広がりは，所得の地域内循環を通じて地方経済に雇用拡大をもたらし，東京一極集中の是正を通じて少子化・人口減少の抑制にも貢献するものと考えられる．

　なお，本章で新自由主義的改革と「財務の経営」の帰結について明らかにした通り，利潤原理・収益性原理のみに基づいた企業経営によっては，安定的な国内産業の供給力形成は難しいといわざるを得ない．利潤原理だけでなく社会や人類，地球の持続可能性の観点から，具体的には国連の掲げるSDGsの視点を重視する経営が志向されるべきである．

　SDGsの目標8に掲げられた「包摂的かつ持続可能な経済成長及びすべての人々の完全かつ生産的な雇用と働きがいのある人間らしい雇用（ディーセント・ワーク）」の実現は，輸出依存的「経済大国」で競争力強化の犠牲とされてきた労働条件の改善を通して，人々の消費生活の安定と内需の充実につながる．一方，輸出産業が貿易黒字を稼げず，円安とともに輸入額の拡大が物価上昇を招いている今日，人々の生活の安定を保障するためには，輸入に依存してきた食料とエネルギーの国内供給力の再構築が不可欠である．特にエネルギー分野については，上述のように省エネ・再エネ分野の技術開発・普及によって，地球温暖化防止と地域分散型エネルギーの地産地消の見通しが開かれてきた．目標13で掲げられた「気候変動及びその影響を軽減するための緊急対策」としての省エネ・再エネ拡大が，「すべての人々の，安価かつ信頼できる持続可能な近代的なエネルギーへのアクセスを確保する」（目標7）ことにつながる．このようにSDGsの目標にしたがって，労働条件の改善と省エネ・再エネの普及

164

を図ることによって，日本経済は「持続可能な消費生産形態を確保する」（目標12）ことが可能になると考えられる.

　ただし，利潤原理に基づく企業経営は，SDGsの目標や，それを実現するための安定的な産業基盤を形成する担い手として諸限界を有することは否定できない．公営企業や協同組合など収益性原理を相対化した経営形態を採る企業体の役割や，企業活動への政策的支援や誘導，規制を行う政府・自治体の役割についても積極的に検討していくことが不可欠であると思われる.

1)　内閣官房・新しい資本主義実現会議事務局編「賃金・人的資本に関するデータ集」2021年11月（https://www.cas.go.jp/jp/seisaku/atarashii_sihonsyugi/kaigi/dai3/shiryou1.pdf，2022年7月28日閲覧）.
2)　「減量経営」によってコストダウンを実現した日本的経営の性格については丸山，1989を参照.
3)　「減量経営」を通じた国際競争力強化が内需縮小と輸出依存性の深化を必然化させた点については村上，2013を参照.
4)　東京一極集中による少子化・人口減少の促進については増田，2014を参照.
5)　2010年代日本自動車産業の「深層現調化」については清編，2017を参照.
6)　米国の対日要求とその日本での実施に関しては，萩原，2011を参照.
7)　新自由主義的改革に伴う短期収益性志向の経営がイノベーションを阻害し，企業および産業の供給力・競争力の中長期的な衰退を招いている現実については中野，2017を参照.
8)　湯之上，2013；藤田，2014；佐藤，2017などを参照.
9)　大西，2017を参照.
10)　歌川，2021を参照.

参 考 文 献

歌川学「気候変動・気候危機，脱炭素・エネルギー自立転換と地域経済」，支え合う社会研究会編『資本主義を改革する経済政策』，かもがわ出版，2021年.
大西康之『東芝解体　電機メーカーが消える日』，講談社，2017年.
佐藤文昭『日本の電機産業　失敗の教訓』，朝日新聞出版，2017年.
中野剛志『真説・企業論―ビジネススクールが教えない経営学―』，講談社，2017年.

萩原伸次郎『日本の構造「改革」と TPP―ワシントン発の経済「改革」』，新日本出版社，2011 年.

藤田実『日本経済の構造的危機を読み解く』，新日本出版社，2014 年.

増田寛也『地方消滅』，中央公論新社，2014 年.

丸山恵也『日本的経営』，日本評論社，1989 年.

村上研一『現代日本再生産構造分析』，日本経済評論社，2013 年.

清晌一郎編『自動車産業の海外生産・深層現調化とグローバル調達体制の変化』，社会評論社，2017 年.

湯之上隆『日本型モノづくりの敗北』，文藝春秋，2013 年.

執筆者紹介（執筆順）

日　髙　克　平　　研究員・中央大学商学部教授

新　井　利　英　　準研究員・中央大学大学院商学研究科博士課程後期課程

樋　口　晃　太　　客員研究員・鹿児島国際大学経済学部経営学科専任講師

井　上　善　博　　元客員研究員・神戸学院大学経済学部教授

瀬　口　毅　士　　元客員研究員・鹿児島県立短期大学商経学科准教授

根　岸　可奈子　　元客員研究員・国立宇部工業高等専門学校経営情報学科准教授

木　村　有　里　　研究員・中央大学国際経営学部教授

髙　橋　宏　幸　　客員研究員・中央大学名誉教授

村　上　研　一　　研究員・中央大学商学部教授

SDGs 時代を拓くグローバル・ビジネスの挑戦
──「誰一人取り残さない」社会の実現に向けて──
中央大学企業研究所研究叢書　43

2023 年 9 月 10 日　初版第 1 刷発行

編　者　　日　髙　克　平
　　　　　木　村　有　里
　　　　　新　井　利　英
　　　　　樋　口　晃　太

発行者　中央大学出版部

代表者　松　本　雄一郎

発行所　〒192-0393 東京都八王子市東中野742-1
　　　　電話 042(674)2351　FAX 042(674)2354

中央大学出版部

© 2023　日髙克平　ISBN978-4-8057-3242-7　　　電算印刷株式会社